U0802059

国际关系中的事实性与作伪

唯实主义的解构

张珂——著

当代中国出版社
Contemporary China Publishing House

图书在版编目（CIP）数据

国际关系中的事实性与作伪：唯实主义的解构 / 张珂著. -- 北京：当代中国出版社，2023.3
ISBN 978-7-5154-1254-2

Ⅰ. ①国… Ⅱ. ①张… Ⅲ. ①国际关系–研究 Ⅳ. ① D81

中国国家版本馆 CIP 数据核字（2023）第 066536 号

出 版 人　冀祥德
责任编辑　刘文科　刘　照
责任校对　贾云华
印刷监制　刘艳平
装帧设计　鲁　娟　李默涵
出版发行　当代中国出版社
地　　址　北京市地安门西大街旌勇里 8 号
网　　址　http://www.ddzg.net
邮政编码　100009
编 辑 部　（010）66572744
市 场 部　（010）66572281　66572157
印　　刷　北京润田金辉印刷有限公司
开　　本　880 毫米 ×1230 毫米　1/32
印　　张　7.5 印张　2 插页　162 千字
版　　次　2023 年 3 月第 1 版
印　　次　2023 年 3 月第 1 次印刷
定　　价　68.00 元

版权所有，翻版必究；如有印装质量问题，请拨打（010）66572159 联系出版部调换。

序　言

这是一本在哲学层面深入解构认知战的专著。

本书根据历史事实和国际关系中行为事实的事实性的理念和原则，提出并系统地解析了国际关系中的作伪现象，总结了作伪的规律。与此同时，对与作伪对应的和密切相关的其他概念，如“去伪”和“作伪霸权”以及国家行为方式等，同样进行了解构和规定。

尽管国际关系中的作伪是个古已有之的历史现象，只是在互联网时代这种历史现象才呈现了诸多新的特征，而其在国际政治中所起到的作用也被一些国家提升到了国家战略的高度，地位和作用变得十分突出和重要。在互联网时代，作伪是十分危险的国家行为方式，在核时代的背景下会导致十分严重的后果。因此，对于作伪我们不能再保持沉默了。在哲学高度进行深入规定、在国际关系层面对作伪进行解析是一项刻不容缓的工作。

在人类进入互联网时代之后，国际关系中人为进行的系统性的谎言和造假现象即作伪，层出不穷，作伪的频率和力度较前信息时代都有大幅度的提高和加强。回顾在进入信息时代之后爆发的所有战争，如科索沃战争、伊拉克战争等，都与作伪有着密切的因果关系。作伪的功能在互联网时代有了质的转变和提升。

这些事实说明，互联网时代的作伪与去伪在哲学层面上是一对对抗范畴，而在国际政治层面上则体现为大国之间进行博弈的焦点和主要的国家行为方式。从客观效果上看，国际关系中的作伪现象和行为的泛滥将会对国际关系以及世界的和平和发展带来越来越严重的挑战、冲击和破坏。

作伪与去伪的博弈关系不仅关系到作伪目标国家的国际政治行为、国家利益和国家的存在状态，还关系到国际关系的哲学基础和道德本质。在人类已进入核时代的今天，作伪对国际关系的冲击以及其潜在的巨大影响和可能造成的后果不得不促使人们对其进行深入思考和反思。

本书是唯实主义[1]在国际关系领域的应用，以唯实主义为基本的方法论、理念和哲学框架，对国家层面的作伪现象和行为进行了深入而系统的剖析和解构。本书总结出十二种作伪类型，提出了作伪的六个规律，对作伪的功能进行了系统解析，也表达了作伪所引发的对国际关系中的道德性和反道德性的深切理论关注。本书使用唯实主义作为解析作伪的基础，是由于唯实主义是最具有针对性的哲学方法论，能够对作伪的解析以及作伪与去伪之间的博弈提供一种范式的（paradigmatic）框架和理论思维的规定性，能够在哲学、国际关系理论和现实国际政治行为方面进行系统而有机的连接。

在哲学层面上，作伪是作为事实和事实性的对立面而出现的，形成了一对具有辩证性的对应范畴。有了事实和事实性就

〔1〕 张珂：《唯实主义》，人民出版社 2020 年版。

必然会出现其对应面、对立面和反面的谎言和作伪。用事实和事实性来克服和战胜谎言和作伪除了在国际政治的实践中具有现实意义之外，在哲学层面上也是一种理念的博弈。而从哲学层面上来看待和分析国际关系中的作伪现象可以更深入和系统地挖掘出其本质。这就是本书要从哲学层面上来解构作伪的根据和原因。

在国际关系理论领域，虽然作伪已然愈演愈烈，其重要性、破坏性和危险性已变得不可忽视，但对作伪这样负面的国际关系现象进行系统性研究的专著可谓是凤毛麟角〔1〕，在哲学层面上对其进行深入解构的可谓是个空白，这种现象折射出针对作伪的研究未能引起学术界和国际关系学界的重视，这不得不说是颇为遗憾的事。弥补这种缺憾也是本书所要尝试的一个方面。

本书使用唯实主义的术语作伪，而不直接使用谎言和造假等名词，除了作伪、谎言与造假在系统性、目的性和行为体等在属性方面的不同之外，另一个理由是想将作伪作为一个国际政治中新的现象和行为来进行客观性描述、分析和解构，适度淡化这些现象和行为的负面色彩和感情色彩，故而本书使用了作伪这个中性词。并且，作伪已经得到了一定程度上的认可，开始在学术界和新闻界得到越来越多的使用。

需要强调的是，解构作伪和去伪是一种手段，提出作伪规律旨在提醒对作伪的功能的充分重视和系统思考，本书的目的是要阐述和强调这样一个原则：在国际政治中，事实和事实性

〔1〕　美国学者 Robert Jervis 所著的 *The Logic of Images in International Politics* 对国际关系中的假象进行了理论分析，是难得的一部与作伪相关的著作。

是国家行为必须恪守的原则，对事实的尊重和敬畏是国际政治普遍的行为底线；在事实和事实性面前，作伪能够得逞一时，却无法成为主导国家行为的有效方式和指导原则。在人类已经进入核时代的今日，尤其如此。

本书是学术著作，保持客观的学术立场，虽然不可避免地会涉及国家政策和对某些作伪行为在道德层面作出批评和谴责，但是并不旨在采取倾向性的立场和进行政策性的评估和建议。

希望本书能对国际关系中的作伪行为增强认知和辨识能力，在对作伪现象引起足够的重视的同时，能为有效应对和消除作伪的伤害和破坏，即为去伪起到抛砖引玉的作用。为达到此迫切的目的，尤望哲学界和国际关系理论界的方家批评指正。

2022年6月5日

于珂雪斋

目 录

第一章

唯实主义要义 *

事实性对于国家行为的决策与实施具有重要的意义。而唯实主义是以事实性为中心的哲学方法论。本书就是以唯实主义的方法和视角来解析国际关系中的事实性及其作为其对抗范畴的作伪的一个理论尝试。

第一节　唯实主义与事实和事实性

唯实主义是以事实性为核心概念和理念的哲学方法论。作伪本来就是一个唯实主义的概念，而作为作伪的对抗范畴的去伪和去伪的方法同样也是唯实主义的概念。因此，国际关系和国家政治中的作伪与唯实主义具有内在的哲学上的理念和方法上的必然关联。此处根据唯实主义与国际政治和国际关系的相

---

* 鉴于笔者所著《唯实主义》是目前集中阐述和论述唯实主义的唯一的哲学方法论书籍，此处的唯实主义要义主要来自《唯实主义》一书，同时也包括在《唯实主义》一书中提到而没有充分展开的一些概念和理念，如事实要素，进行中的事实和完成了的事实，历史学与历史以及历史事实的关系等。

关性和联系进行提纲挈领的介绍。

一、事实与事实性的辩证关系〔1〕

“唯实主义一切以事实性为依托和根据。”〔2〕事实性就是对事实的发现、形成、整合和完善的动态过程。唯实主义认为，事实与事实性之间存在辩证的关系。事实性的基础是事实，事实性的目的是构建真正的即符合事实的三个标准的事实。事实性具有内在的目的性，那就是要向完成了的事实（accomplished fact）进行转化和过渡，而完成了的事实就是事实性的结果。虽然事实和事实性存在着这样的辩证关系，但是事实性向事实的转化和过渡并不具有必然性，有些事实性是无法转化为事实的，也就是说，由于种种原因，事实的三个标准永远无法得到满足，事实的构建永远是个无法完成的过程。

人类在远古的进化历程，因年代的久远而无法留下确凿的证据和痕迹，由于当时文字尚未出现，更无法留下文字记载，因此，漫长的远古历史只能依靠科学的推测和合理的想象来加以构建，而缺少充分的实物证据的基础，无法形成事实性。对于国际关系中的行为事实，由于年代久远和战火的破坏和焚烧而无法形成历史事实，成为历史悬案。这些都是事实性无法完成向事实转化的例子。虽然如此，人类对事实性和事实的认知

〔1〕 作为相对独立的哲学范畴，事实和事实性在哲学上是具有差异性的，获得事实的整个动态过程和状态用事实和事实性来表达更加准确，然而在本书下文中，为了行文的流畅和方便，除在特别强调处，其他将统一使用事实性来代替事实和事实性。

〔2〕 张珂：《唯实主义》，人民出版社 2020 年版，第 9 页。

和追求并没有因此而弱化，更没有被放弃。“在人类认知的历史进程中，对于事实性的把握主宰着人类的认知状态即认知水平。”而“所谓的进步”就是人类对于客观世界和自身的事实性的认知能力和把握能力不断加强的历史过程。[1]

二、事实要素

唯实主义认为，事实是由事实要素构成的，事实要素也是事实形成的必不可少的前提和基础。事实要素分为两个层次或两个种类：第一个层次是构成事实的核心要素，即事实的核心要素；第二个层次是在获得事实的过程中所必需的要素，即事实的必要要素。

事实的核心要素是指事实生成和存在所不能或缺的必要要素，包括真实性、完整性和主客观的充分融合。事实的核心要素共同构成了事实本身，是事实之所以成为事实所不可或缺的要素。

事实的必要要素包括获得事实的方式、方法和速度以及获得事实核心要素的载体等。这些要素是获取事实的核心要素所必不可少的要素。

三、事实的三个标准[2]

鉴于在哲学史上从来没有关于事实和事实性的哲学认定标准和原则，因此唯实主义关于事实和事实性的三个标准和原则

〔1〕 张珂：《唯实主义》，人民出版社2020年版，第10页。

〔2〕 详见张珂：《唯实主义》，人民出版社2020年版，第22—28页。

的规定具有重要的哲学意义。这些标准和原则不仅可用来鉴定事实和事实性，还可用于构建从事实性向事实转化和过渡的这个过程。

唯实主义认为，事实的核心要素是构成事实的三个必要的标准，也就是说，构成事实性、事实或者“完成了的事实”需要满足三个标准：真实性、完整性和主客观之间的充分交融性。要构成事实和完成事实性向完成了的事实的转化和过渡，这三个标准是缺一不可的，缺少了其中任何一项都无法构成真正的和完整的事实，都无法形成完成了的事实。

唯实主义认为,事实性是个开放性的立体结构的动态过程，发现、落实和完善其中的每一个标准都不是一蹴而就的，都需要长期艰辛的努力。

四、事实的种类

唯实主义认为，事实的种类可以从事实的属性和形态上进行划分。

（一）从事实的属性上划分

唯实主义认为，事实可分为自然事实和人类事实两大类。人类事实就是关于人类自身的事实。人类事实就是行为事实，即以各种形态的人类行为主体所产生的事实。根据事实的形式和形态，行为事实可分为历史事实和观念事实等。

根据事实的分类，唯实主义可分为历史唯实主义和观念唯实主义。历史唯实主义是以历史事实为重点概念的唯实主义，而观念唯实主义是以观念事实为中心的唯实主义。然而，无论是历史唯实主义还是观念唯实主义，都是以研究和探讨行为事实为目的的，两者只是以不同的视角和方式来研究不同形式和形态的事实，其功能和目的都是揭示人类行为事实的规律。

唯实主义的基本理念和原则都适用于观念唯实主义和历史唯实主义。而对许多人类行为事实的研究都离不开观念唯实主义和历史唯实主义，只有在两者的密切配合之下才能完成对行为事实的构建。

（二）从事实的形态上划分

从事实的形态上，事实可划分为构建过程中的事实和完成了的事实两类。

构建过程中的事实即过程事实，是指尚未完成以及相对于行动事实和行为事实的尚未充分形成的观念事实的事实。过程事实可分为两种类型，一种是正在展开、尚未完成的事实，这种事实就是正在进行的行动事实；另一种是对事实和事实性正在形成认识和认知而尚未充分形成的观念事实，是正在形成中的观念事实。

完成了的事实即完成事实，是指已经完成了的行动事实和相对于行为事实的已经形成了的历史事实和观念事实。完成事实是满足了事实的三个标准的事实，是被接受了的、在不出现重大的唯实史料的情况下不再被修改的历史事实和观念事实，即作为“完成品”的事实。

五、非事实及其种类与作伪

唯实主义认为，非事实是事实和事实性的片面、反面和对立面，包括伪事实和反事实。作为非事实的不同类型，伪事实和反事实具有不同的性质。在人类的正常认知过程中，伪事实是个常见的现象。伪事实是在认知的自然过程中所必须经历的阶段，并没有人为性、恶意性和破坏性。在大多数情况下，伪事实是对事物的认知缺乏完整性和真实性的认知。也就是说，缺乏对事件认知的整体性也会造成非事实。而反事实则是对事实和事实性的篡改、否定以及对假信息的捏造，是事实和事实性的对立范畴和对抗范畴，具有人为性、恶意性和破坏性。虽然伪事实和反事实都可以成为作伪的基础和来源，但作伪的本质决定了它主要用反事实来替代事实，并用伪事实来对事实和事实性进行恶意的攻击。

作伪将伪事实与反事实一样纳入了其作伪的范畴，在将非事实注入了人为性、恶意性和破坏性之后，使非事实成为事实和事实性的对立面和反面，形成了反唯实主义的核心内容。伪事实是对事实的掩盖和篡改，包括部分事实。部分事实以一部分事实性要素来代替整个事实，是以偏概全，是非事实的常见形式。反事实则是对事实的捏造，是试图通过无中生有捏造假信息的方法来达到特定的目的，是一种造假行为。虽然伪事实和反事实同为非事实的种类，但反事实比伪事实更具攻击性，而伪事实比反事实更具伪装性、误导性和欺骗性。

在作伪的条件下，非事实是对观念事实的篡改和否定，而对观念事实的篡改和否定必然会外溢和延伸到历史事实之上。因此，非事实既是指观念事实，也是指历史事实，在观念事实与历史事实密切相关和无法分割的情况下，对非事实即作伪的去伪必须在观念事实和历史事实层面上进行和展开。

六、观念唯实主义与历史唯实主义

唯实主义认为，事实有不同的种类，而不同的事实有不同的性质和特征，这决定了对不同事实的研究方法在共性的基础上也具有不同的方式。根据事实的种类，唯实主义可分为观念唯实主义和历史唯实主义。

（一）唯实主义的种类

观念唯实主义是以观念事实为核心的唯实主义。与其相对应的是以实物事实为核心的唯实主义。历史唯实主义是以历史事实为核心的唯实主义，与其相对应的是以尚未形成历史事实的行动事实为核心的唯实主义。

通过对观念唯实主义和历史唯实主义的划分，唯实主义即可集中于对关键的事实种类的研究，也可覆盖与观念唯实主义和历史唯实主义相对应的其他事实，形成对各种事实的全面覆盖。

虽然唯实主义根据事实种类划分为观念唯实主义和历史唯实主义，然而唯实主义对于事实和事实性的研究并不是割裂的和僵化的。将唯实主义分为观念唯实主义和历史唯实主义并不是要分割事实，而是要对事实和事实性的分析更具针对性和在方法上更加专业化。对于一些复杂的事实的研究需要观念唯实主义和历史唯实主义的有机结合，只有这样才能从不同的维度深刻而全面地揭示这些事实的本质。

国际关系中的事实涉及观念事实和历史事实，是事实种类的多样性的体现，也是各种事实积聚的综合体。鉴于国际关系中的事实性具有复杂性和多样性的特征，观念唯实主义和历史唯实主义的有机结合对于国际关系的研究不仅是十分必要的，还是必需的。

（二）观念唯实主义的原则

观念唯实主义是以观念事实的发现、形成和完善为核心和目的的唯实主义，是唯实主义在认知领域的应用。针对历史上遗留的作伪和被作伪侵害了的观念事实，观念唯实主义提出要坚持两个原则，即非参与性原则和非意识形态化原则。这两个原则都是针对观念事实的认知主体而言的，是形成正确的和准确的观念事实的重要前提和基础。

非参与性原则，包括客观性和非利益化两个方面的内容。观念唯实主义认为，要把握事实和事实性，认知主体就必须站在客观的立场上来对事物进行审视、考察和构建，而要保证认知主体的客观性的前提和基础是认知主体不参与其中，使其摆脱与认知和考察的事件的利益纠葛。

非意识形态化原则规定了认知主体对于意识形态的立场。观念唯实主义认为，认知主体要构建事实和事实性就必须摆脱特定的意识形态的左右，即不被意识形态所左右并不为特定的意识形态下的政治利益服务。非意识形态化是将对事实和事实性的认知和构建从政治利益和意识形态摆脱出来的重要原则。

观念唯实主义的两个原则对认知主体的立场进行了规定，这些规定对于澄清历史上遗留下来的难题、谜团和假象即作伪现象是不可或缺的前提和基础。

在非意识形态化原则中有一个不介入当代的非当代化原则[1]，对于国际政治和国际关系中的历史遗留下的被作伪了

〔1〕 参见张珂：《唯实主义》，人民出版社 2020 年版，第 106—107 页。

的问题的解析也具有重要意义。对非当代化原则与作伪之间的关系的进一步阐述可见本章下文。

（三）观念唯实主义和历史唯实主义之间的关系

对于一些历史上遗留下来的难题、谜团和假象即作伪现象，只有通过历史唯实主义和观念唯实主义进行有机地结合才能加以澄清。

历史唯实主义是对历史事实进行唯实主义研究的历史研究方法，是唯实主义的基本方法和原则在历史学领域的应用。观念唯实主义是以观念事实为中心的唯实主义，是唯实主义的基本方法和原则在哲学和观念史领域的应用。国际关系史是以国家为主要行为体的人类行为事实的历史，其中包含着历史事实和观念事实，因此，适用于历史唯实主义和观念唯实主义。而许多国际关系史的问题和命题只有通过历史唯实主义和观念唯实主义的有机结合才能得到深入而全面的解析和唯实重构。

正是通过历史唯实主义和观念唯实主义的有机结合，唯实主义才能够对充斥着谜团和作伪的董学、孔学和中国哲学史进行成功的解构。对于国际关系史中存在的大量的作伪现象，需要使用包括归零重启法在内的唯实主义方法，在历史过程中进行深入而长效的去伪工作才能达到有效去伪的目标。

第二节　唯实主义的方法

唯实主义不仅是哲学理论和哲学方法论，还是具体的方法，具有高度的可实践性和可操作性。

一、归零重启法

归零重启法包括两个步骤，即归零法和重启法。

“唯实主义只接受事实，而拒绝接受与事实无关的或者违背了事实性的观点。”〔1〕为了检验和验证一个信息是否是事实，是否具有事实性，需要放下结论，从零出发，不接受任何呈现在眼前的结论，对信息的真实性进行“悬置”，这就是归零法。归零法就是“用裸眼看事实”，是对事实和事实性进行正确认知的前提和起点。

重启法就是在归零和悬置之后，重新启动对信息的认知过程，即对事实构件的发现、收集和构建，力争在事实性的基础之上来重新塑造事实，这就是重启法。重启法是对事实和事实性认知的真正的必要过程的展开。

唯实主义认为，只有将归零法和重启法有机地结合起来，即形成归零重启法，才是对事物认知的完整过程。

二、唯实比较法

唯实主义对比较法进行了深化和系统化，提出了唯实比较法。唯实比较法又称唯实比较的三段论，包括三个步骤，即确定可比较物、对可比较物进行有效比较和对可比较物的本质进行判断。

唯实主义的有效比较就是建立在事实性基础之上的比较。唯实主义认为，“有效比较只能在充分的事实性基础之上才能够展开，缺乏事实性基础就不具备进行有效比较的前提，事物

---

〔1〕 张珂：《唯实主义》，人民出版社2020年版，第34—35页。

之间便无法形成可比较性。”〔1〕

唯实比较法适合于澄清复杂的历史事实，对长效作伪而进行的去伪具有针对性、实战性和有效性。

三、唯实双构

唯实双构包括唯实解构和唯实重构两个步骤，是归零重启法的进一步哲学化，更适合于对复杂事物的深入和全面的解析，也是去伪的一个重要方法。

唯实解构是“破坏性的”，破坏的对象是不符合或违反了事实性的原则和标准的观点、结论及思维定势，是对这些错误认知的修订、批判和否定。唯实解构的破坏性是建立新的以事实和事实性为唯一基础的观念事实的前提和基础。

唯实重构是在唯实解构的基础之上，按照事实性的原则来重新构建对某一命题的认知，建立起新的逻辑线索和网络，得出与事实性相符合的新的判断和结论，发现新的价值。唯实重构是形成对事物的有效认知的过程的重要步骤和收口阶段。〔2〕

四、唯实史料

面对历史史料在来源上的多样性和质量上的鱼龙混杂的局面，唯实主义提出了唯实史料的概念。唯实史料就是能够直接反映和体现历史事实的具有真实性的实物史料和文字史料。在唯实主义关于事实和事实性的三个标准中，唯实史料将重点放

〔1〕 张珂：《唯实主义》，人民出版社 2020 年版，第 40 页。

〔2〕 关于唯实双构的进一步阐释，详见张珂：《唯实主义》，人民出版社 2020 年版，第 36—37 页。

在了真实性之上。这体现出了历史事实的特殊性，即真实性是更基本和更迫切的事实性的基础。〔1〕

第三节　认知与行为

唯实主义认为，认知和行为之间的关系是辩证性的。人类的认知和行为是紧密相连和密不可分的整体。认知与行为的不可分割性可分为广义和狭义两个层面。在广义层面上，认知是行为的有机组成部分，人的观念事实是人的行为事实的一种。在狭义层面上，人的认知是人的行为的前提和基础，后者无法在缺少前者的情况下存在，两者同样是无法被分割开的。虽然在特殊的情境下，人可能在缺乏充分认知和判断的情况下就行为，但这并不是人类行为的常规和惯例，并且即使在这种情况发生之后，人们仍然要对所发生的事件和采取的行为进行复盘，以总结经验和吸取教训，以便为将来的行为进行准备，也就是说，即使在突发的情况下，人的行为和认知仍然是不可分割的，虽然两者互动的次序和方式有所不同。

作为复杂的复合性行为体，人的行为是以认知为先导和指导的，人的行为是人的认知的实现、外化和落实。人的认知与行为之间的关系不仅体现在个人和群体层面，对于国际关系的主要行为体——国家，同样可以得到典型的体现和展示。国家的认知体现在政策层面，也体现在制度层面，而在政策和制度

〔1〕　关于唯实史料的进一步阐释，详见张珂：《唯实主义》，人民出版社 2020 年版，第 60—61 页。

层面的国家认知的背后则是国家意识形态。国家意识形态是国家认知的根据和原则，是指导国家政策的决策的依据。

虽然国家认知的方法、种类、质量和真伪并不影响认知与行为之间的关系，但是国家认知的种类、质量和真伪却能在很大程度上影响甚至决定国家所采取的行为的方式、方法、规模和力度，而国家行为的方式、方法、规模和力度的不同会导致不同的甚至完全相反的行为结果。因此，无论是从正面还是从反面来看,认知都会左右决策,从而对行为产生十分重要的影响。而这点正是本书研究和探讨事实性与真伪对国家行为的影响和决定以及行为结果的目的所在。

第四节　事实性与作伪和去伪

在唯实主义中，事实性与作伪是一对哲学意义上的对应范畴和对抗范畴。而在事实和事实性的构建过程中，作伪与去伪也是一对对应范畴和对抗范畴。

一、事实性与作伪

事实性是唯实主义的核心概念。与事实性相对应，作伪（forgery）也是唯实主义的一个重要概念。从哲学上看，在很大程度上，事实性与作伪是一对辩证的对应范畴，具有深刻的哲学性。

唯实主义认为，作伪是对事实和事实性的否定，是谎言，但作伪并不是一般性的谎言，而是系统的、具有明确目的性和针对性的、具有高度主观故意性的谎言。

虽然事实性与非事实性也是一对辩证法意义上的对应范畴，但是，作伪并不等于非事实性。非事实性是对在事实性形成过程中的事物、观念和行为的状况以及对它们的认知，也就是说，非事实性是非主观故意的，而是在对事实认知过程中的一种必然阶段和状态。作伪则不同。作伪是认知主体对事实性的主观故意的篡改和造假行为。虽然作伪也是在创造非事实性，但是作伪的非事实性不具备认知的客观性和阶段性，实际上是一种人为的故意制造的系统的谎言，是被污染和篡改了的非事实性，在这一点上，作伪对非事实性的破坏与对事实性的破坏具有相同的本质。

二、作伪与去伪

关于作伪与去伪之间的关系，可见后文第七章“去伪与国家安全”。

三、事实性的局限与去伪

唯实主义认为，从根本上看，有些事实性并不能如其他的事实性一样可以转化为事实或者形成完成了的事实。同样，有些非事实也并不能如其他的非事实一样过渡到事实，这意味着有些作伪也并不能如其他的作伪一样可以被彻底地去伪。

由于事实要素的缺失是历史性的以及无法修补和挽回的，唯实史料永远无法被发现和确认，因此对于某些事实性来说，事实的三个标准可能永远无法被满足，事实性永远无法完成向完成了的事实的过渡。这种现象是人的意志无法改变的事实。

但是，这种现象的存在并不是人类放弃追寻事实性和事实的原因，恰恰相反，人类追求和探索事实的重要目的正是要扫除人为性的干扰、阻碍和破坏，防止、阻止和清除作伪对事实性和事实的掩盖、篡改和否定，以便将作伪限制在最小的范围之内。

人类寻求、探索和发现事实的动力是内在的和强大的，是没有任何外部力量和势力能够阻挡的。这种情况当然也存在于国际关系领域之内。

第五节　国际关系中的事实性的共性与个性

国际社会是以国家为行为体所构成的社会，国际关系就是由形形色色的国家行为所形成的关系网络。作为人类社会的一种特殊的高级和复杂形态，是由行为和行为事实所构成的现实世界。然而，除了具有一般社会的属性和特征之外，国际关系中的事实性也有着其特殊性。

一、唯实主义是适用于国际关系理论研究的哲学方法论

作为哲学方法论的唯实主义是具有普适性的，适用于诸多学科。虽然唯实主义的概念体系、理念和方法在不同的学科和面对不同的问题会有不同的应用方式，然而这种差异只会使唯实主义更加具有针对性和适用性。同时，在不同学科和问题上的应用也是进一步细化、发展和完善唯实主义的过程，使唯实主义更具针对性和有效性。

唯实主义在思想史和哲学史中的应用，在系统而深入地解构了董学（董仲舒哲学）和孔学（孔子思想）的基础上为中国

哲学史的重构提供了钥匙。[1]而对于包括国际关系理论在内的其他学科，唯实主义同样可以作为有力的工具和钥匙加以有效地利用，同样可以带来新的发现和起到重要的影响。

虽然国际社会在构成上与国内社会有所不同，例如，其行为体主要是国家，而不是个人。然而国际社会同样是人类社会的一种形态，遵循人类社会具有普遍性的一般规律。也就是说，国际社会同样是由各种人类行为事实构成的，具有同样的观念事实和历史事实，同样服从于唯实主义以及观念唯实主义和历史唯实主义。

另外，作为社会科学的一门学科的国际关系学同样面临着其他社会学科所共同面临的困境，即方法论的匮乏。[2]唯实主义旨在在一定程度上填补这种匮乏，为国际关系学尤其是国际关系理论的探讨和构建提供一种可能性。本书对于事实性和作伪的解析可算是唯实主义在国际关系领域中进行结合和应用的第一步。

二、国际关系中的事实性的主题

唯实主义在不同学科的应用中要针对不同的主题，并且在不同的学科应用中，唯实主义的各个概念、理念和方法的侧重点是不同的。观念唯实主义和历史唯实主义以及与其相关的概念体系、理念和方法都是适用于对国际关系中的事实性和作伪的解析的。

〔1〕 参见张珂：《董学与孔学的正本清源》，人民出版社 2021 年版。

〔2〕 参见张珂：《唯实主义》，人民出版社 2020 年版，第 1—4 页。

对于国际关系中的事实性和作伪这对对抗范畴而言，其基本的主题包括：行动事实与行为事实之间的关系，过程事实与完成事实之间的关系，观念事实的生成，观念事实与历史事实之间的关系，历史学与历史以及历史事实之间的关系等。而作为事实性的对立和对抗范畴的作伪则贯穿于这些主题的始终。

在国际关系中，针对行动事实、观念事实和历史事实都存在着作伪与去伪之间激烈的对抗和博弈，这些事实类型之间的相互关系和联动既体现了对国际关系中的作伪进行去伪的复杂性，也体现了其不易操控性和巨大的难度。

三、国际关系中的事实性与作伪

而作为人类存在和行为的一个重要维度和领域，事实性和作伪这对对抗范畴之间的博弈不但对于相关国家的存在具有重大的冲击和影响，而且对已经进入互联网时代和核时代的人类的整体命运能够施以重大的冲击和影响。

与一般社会背景下的事实性相同，国际关系下的事实最初表现为行动事实和过程事实，但最终会落实到观念事实和历史事实，也就是说，国际关系中的事实只由行动事实、观念事实和历史事实这三种类型的事实组成，而主体仍然是由观念事实和历史事实构成的。观念事实和历史事实都是人类行为事实的有机组成部分，体现了国际关系中的事实与其他领域中的事实的共性。然而，与处于单一社会背景下的事实性不同，国际关系中的事实性在诸多方面都具有独特之处。

在国际关系中，行为是由两个或者两个以上的国家参与，一个重大的国际事件往往会涉及几十个甚至更多的国家，这决定了国际关系中发生和进行的一个行为事实有更多的视角，即主观性，这也意味着有更多的价值观，这些主观性和价值观形成了更多的观念事实。诸多的观念事实的存在意味着更加复杂的主观和客观之间的互动和融合，使得观念事实的形成更加困难。同时，在事实性形成的过程中，对事实性的验证和证伪也更加困难。这些特殊性意味着国际关系中的事实性具有开放性，这种开放性比单一意识形态和价值观主导下的相对封闭的个别社会背景下的事实性更加复杂，也更加多元化。

尤其困难的是，许多在具体社会背景下形成的观念事实在国际关系背景下却需要进入新的进程，要接受不同的视角的再次审视和不同的价值观的再次评价。[1]而这些新过程会对事实性的形成造成干扰，会对事实性的本质造成破坏。

正是因为这些复杂性和特殊性，在国际关系中对事实性的认定的复杂性为作伪提供了巨大的空间。

四、作伪与非事实性和错误认知

在国际关系的语境和背景下，辨别和辨正事实性与非事实性具有重要的意义，是国际关系的一项核心性工作，因此，具有在哲学层面上进行进一步解析的必要性。作伪是非事实，是对事实的篡改、否定和对非事实的捏造。但作伪又不是一般的非事实，而是有着独特的内在规定性。因此，需要对一些在国际关系中容易混淆的概念和理念进行明确的辨析和定位。

〔1〕 在国家之间进行跨文化交流是十分困难的事，其困难之处正在于对事实性的认知、认证和理解受制于迥然不同的文化、习惯、价值观和意识形态。

（一）非事实

需要指出的是，作伪与非事实（non-fact）和错误认知（misperception）是完全不同的。

非事实是对事物的缺乏真实性的认知，包括伪事实和反事实。同时，缺乏对事件的认知的整体性也会造成非事实。也就是说，非事实是没有达到对事实的三个标准的对事物的认知，是不完整、不准确和与事实性相反的对事物的认知。由于对事实的认知是个过程，有时这个过程相当漫长，因此，在缺乏人为主观干扰和破坏的情况下，此种非事实往往表现为伪事实，而伪事实是在完成了的事实形成过程中的必经阶段。

严格地讲，错误认知也是一种非事实，在性质上属于伪事实，只是错误认知距离真实性的标准距离更大，更容易导致判断的失误和错误，具有明显的非真实性。

虽然非事实和错误认知还没有达到事实的标准，不具备事实性，但是这是在认知对事实性形成过程中的必经阶段，任何事实性的形成都要经历非事实甚至错误认知的阶段，尤其是对于复杂事物的事实性的形成过程更是如此。虽然在错误认知中不能排除人为因素，但是非事实与错误认知的根本性区别在于持续性的和系统性的主观故意性的缺乏。与在对事实性的形成过程中所必然会犯下的各种成为和必然走过的各种弯路不同，作伪具有掩盖、扭曲和践踏事实以及编造伪事实的主观故意性。

（二）作伪与假象

作伪就是人为地制造假象的一种行为，假象（false imagery）就是谎言和欺骗的一种，两者的功能和目的都在于误导和欺骗，因此，作伪与假象之间是存在一定的重合性的。然而，作伪与假象并不等同，尤其是在国际政治和国际关系的背景下必须要将两者加以辨别和区分。

首先，假象的外延更大。

假象的种类更多，具有比作伪更为广泛的外延。假象有可能是被人为主观造成的，也可能是认知者对于事件和其他行为体的行为发生认识偏差和判断错误，也就是说，假象可以是故意而为，也可能是认知者自己因判断失误而形成的。而作伪则包括一些国家在内的行为体的主观故意造成的恶性谎言和欺骗行为，不是失误，也不存在非故意的可能性。

其次，假象的对象是自己。

唯实主义认为，具有主观成分的假象的产生虽然也有欺骗性，然而这种欺骗性是针对自己的，即通过自己的言论和行为使其他的行为体尤其是对手和敌手对自己的真实意图和未来的行为和行为方式产生错觉，造成其判断上的偏差和失误，从而使自己占据上风和主动或者获取某种利益。

国际关系中充斥着假象，而国家在国际关系中制造假象的目的之一是塑造本国在其他国家眼中的形象，从而试图影响和改变其他国家对于自己的态度、立场和决策。[1]而作伪则完全是针对对手和敌手的赤裸裸的造假行为，旨在对其造成伤害和打击。也就是说，假象的对象是自身，作伪的对象则是他者。

在国际关系中，具有主观成分即针对自己所做出的假象也可被称为假象性作伪。假象性作伪是假象和作伪的混合体。对

〔1〕 参见 Jervis, Robert, *The Logic of Images in International Relations*, Princeton University Press, 2017，p. 3。

于假象来说，假象性作伪具有更明显的作伪特征，而对于作伪来说，假象性作伪则是针对自己进行的具有攻击性的假象。希特勒和纳粹德国就是假象性作伪的高手。

对作伪的种类的分析可见后文“作伪的种类”部分；对希特勒实施假象性作伪的进一步解析可见后文“历史中的作伪与战争”部分。

最后，假象不具有攻击性。

假象虽然具有误导性、迷惑性和欺骗性，但并不具备直接的攻击性。假象的制造欲对手通过获得错误的信息而进行误导，并没有强迫性。当然，有些假象也具有攻击性，具有作伪的特征，如假象性作伪中的假象。而作伪则具有明确的和不容置疑的攻击性。作伪的制造是要通过系统的谎言而强迫国际社会的其他国家和行为体接受和相信虚假的信息，在造成直接的伤害和打击之外，还可为下一步采取进一步的攻击性行为进行道德和舆论上的铺垫和准备。

在战争中制造假象是经常被使用的方法。第二次世界大战时，著名的诺曼底登陆在付诸实施之前精心制造了许多假象，迷惑在对岸进行防御的纳粹德国军队，成功地使其做出了盟军要在加莱海峡登陆的错误判断。在这个过程中所造成的所有迷惑和误导措施都是属于假象的典型案例，但是这些假象都不是作伪。

（三）作伪与意识形态宣传

在国际关系中，作伪与国家的意识形态宣传的关系既有一定的共性，也有各自的个性，而在性质、目的性、功能性和效果上则具有很大的差异。

从性质上看，作伪也是国家的意识形态宣传的一种形式，只是作伪发生在不友好国家和敌对国家之间，具有攻击性。

从目的上看，国家的意识形态宣传则是每一个国家都要做的必修课，虽然有些意识形态宣传是针对不友好和敌对国家而进行的，但绝大多数的意识形态宣传是中性的，旨在树立、维护和强化国家政权的合理性、合法性和正面形象，是无可厚非的。而作伪则是要破坏和颠覆不友好国家和敌对国家的政权合法性和稳定性，与一般意义上的意识形态宣传具有完全不同的目的性。

从功能性上看，国家的意识形态宣传能够发挥维护国家权力稳定的功能，是具有建设性的。而作伪则要起到破坏和颠覆不友好国家和敌对国家的功能，除了进行软性攻击之外，还会起到从软性攻击向硬性攻击过渡的作用。

从效果上看，国家的意识形态宣传有助于维护国家政权的稳定，对于国内和其他国家都能起到一定的正面效果。而作伪则在于破坏不友好国家和敌对国家政权的稳定和颠覆这些国家政权，在于对其进行软性攻击，并且为硬性攻击这些国家提供逻辑和借口，作伪对其针对者而言，所取得的效果完全是负面的。

（四）作伪与间谍活动

作伪与间谍活动都与事实和事实性直接相关，都是见不得阳光的秘密而不可告人的活动。然而，作伪与间谍活动是完全不同的行为，它们站在事实性的不同维度，甚至是对立面。

作伪是对事实和事实性的人为的刻意扭曲和篡改，是精心设计的谎言和造假行为，旨在削弱、掩盖和否定事实和事实性。而间谍活动是通过非法手段获取事实，所针对的是事实和事实性的不可知性、不对称性和不确定性，这决定了间谍活动与作伪完全不同的性质。

在国家关系中，间谍活动是被国际法和绝大多数国家的国内法明确认定的违法行为，而作伪的说谎和造假行为则没有被国际法和国家法律明确规定为违法行为，存在着法律上的模糊性。

（五）作伪、去伪与阴谋论〔1〕

当一个重大的作伪或者国际事件发生时，如果不进行及时而彻底的去伪或者得不到合理的解释，那么作伪所造成的伪事实和反事实等非事实便会传播开来，对作伪的目标国家造成软性的伤害，使其成为作伪的受害国。然而，还有一种情况也与作伪和去伪相关，那就是阴谋论的形成。

所谓的阴谋论就是对重大的作伪和国际事件的非事实性的解释。有人将阴谋论概括为："阴谋论者试图将并无一致指向性、相互也无关联的素材梳理成一个结构完备、条理清晰，而且合情合理的解释，并通过赋予周边成分以意义，来抵达被隐藏的真相的核心。"〔2〕

从这个对阴谋论的定义性的概括可以看出，当一个重大的

---

〔1〕 汉娜·阿伦特认为用假设性的阴谋论来解释事件会把大众凝聚在一起，消除他们的疑惧，将他们引入极权主义（totalitarianism）的逻辑之中。这个观点实际上提出了"极权主义"国家，如纳粹德国，利用作伪来误导国内民众的现象。她写道："使群众信服的不是事实，甚至也不是编造的事实，而是一种他们在其中成为组成部分的系统一致性。"然而，这属于国内政治的范畴，并不在本书对国际关系中的作伪的讨论范围之内。参见 Arendt, Hannah, *The Origins of Totalitarianism*, Harcourt Brace Javanovich, 1979，pp. 451-452。

〔2〕 Bourdeix, Bernard, *Le Grand Livre des Conspirations*, Edition La Martini ere Groupe, 2009，p. 13.

作伪或者国际事件出现之后，如果它没有得到及时而充分的去伪或者舆论没有对其进行合理的解释时，人们就会对其产生的根源和本质等产生各种猜测，进而形成阴谋论。也就是说，阴谋论是对事件代替事实性的一种解释，是在事实性缺乏的情况下填补其留下的空白的一种尝试。同时，阴谋论也是通过“以伪攻伪”[1]的一种尝试，即试图通过新的谎言或者没有事实根据的推测和想象来推翻和否定作伪。

阴谋论的出现折射了事实性和去伪的缺乏。而在充分的事实性通过去伪摆在人们面前时，阴谋论便失去了出现的土壤和条件。

第六节　观念事实与历史事实之间的关系

在唯实主义中，观念事实和行为事实相对于历史事实之间的关系是十分重要的一个原则和理论，这就是唯实主义要划分为观念唯实主义和历史唯实主义的原因。观念事实和历史事实之间的关系在国际关系中同样具有不可或缺的相关性和重要的现实意义。唯实主义对观念事实和历史事实的分类以及对观念唯实主义和历史唯实主义的划分奠定了在国际关系中剖析作伪的哲学依据，并且提供了概念系列、理论范式和分析框架。

一、观念事实向历史事实的转化

唯实主义认为，作伪所针对的对象是观念事实，作伪是对

---

〔1〕　见本书后文第七章的相关部分。

观念事实的扭曲、篡改和捏造，而观念事实的错误会导致行为事实偏离事实性的轨道，也就是说，作伪是要用非事实（包括伪事实和反事实）来取代事实和事实性。具体来说，作伪所提出和极力使人相信的非事实可以做出错误的判断和决策，从而采取与事实性相违背和冲突的行为。通过捏造和传播非事实来促使其他行为体做出错误的判断从而采取错误的行为，这就是作伪发生破坏性功能的机理所在。

二、去伪的功能与本质

错误的观念事实如果得不到及时的去伪，那么它们也可能会向错误的历史事实转化。唯实主义认为，历史事实是行为事实在时间维度上的留存，然而，行为事实并不会自动地变成历史事实,行为事实要转化成历史事实必须经过观念事实的记载、过滤和检验，也就是说，人类的观念事实是人类的行为事实向历史事实转化的中间环节和过滤器。在这种情况下，符合事实性的观念事实可以将行为事实准确、客观、公正地转化为历史事实，而不符合事实性的观念事实，即作伪之下的非事实和伪事实则会导致历史事实缺乏准确性、客观性和公正性。这就是作伪对文化和历史能够造成巨大的破坏和扭曲的原理所在。

相应地，作为作伪的对抗范畴的去伪就是用事实和事实性来否定非事实。针对作伪的去伪的事实基础是行动事实和历史事实以及建立在这些事实之上的事实和事实性，包括观念事实和历史事实，而首先是观念事实。针对作伪通过建立非事实而对观念事实进行的扭曲、篡改和践踏，历史事实能够提供最具针对性和最具有说服力的反击。也就是说，虽然观念唯实主义会起到先导的作用，而观念唯实主义和历史唯实主义的有机结合是对作伪攻击进行去伪反击的有力武器。

第七节　历史、历史学与历史事实

历史唯实主义认为，历史和历史学并不能等同，两者之间存在着差异性，这个差异性就是对待历史事实的态度、能力和方法。

一、行动事实与历史事实

历史唯实主义认为，正在发生和还没有转化为历史事实的行为事实是行动事实。行动事实是正在展开的行为事实，是尚未跨入历史事实门槛的潜在的行为事实。只有在时间维度达到了一定程度，只有在符合了事实性的三个标准之后，作为潜在的行为事实的行动事实才能转化为历史事实。

历史唯实主义认为，国际关系中的事件是行动事实，即正在发生过程中的行为事实。国际关系中的行动事实尚未成为历史事实，而作为认知者的人也尚未形成对这些行动事实的完整而准确的观念事实。然而，随着时间的流逝和对事实的三个标准的逐渐满足，行动事实终会变成历史事实，人们也终将形成关于它们的观念事实，并以观念事实进入历史和历史学。

二、历史学与历史之间的差异和冲突

历史唯实主义认为，历史学和历史是不同的，是不能等同的，两者之间存在着差异性，有时这种差异性相当大，可以表

现出尖锐的对抗和冲突，甚至相互否定。

历史学和历史之间的差异性出现的原因有三个：

首先是历史学家对历史事实的发掘和整合仍然没有完成，或者对历史事实的把握仍然不成熟，尚未达到事实的三个标准。这是个从事实性向事实转化的自然过程，任何事实的形成都会经历这个过程，是无可厚非的。

其次是历史学家对历史事实的选择问题，历史学家不能在历史书中涵盖所有相关的历史事实，因而不得不进行选择，而选择的方法论、选择的标准和选择后保留下来的历史事实在信奉和使用不同的历史哲学方法论和不同的历史学家之间会存在差异，甚至有很大的不同。

最后是人为的刻意的作伪。这种情况的出现并不是偶然的，在历史学研究和编纂中是经常出现的。这种人为的、刻意的作伪往往是一种为意识形态服务的国家行为和系统行为。[1]事实上，在大多数情况下，历史上对历史事实所做的系统性的作伪正是在意识形态原则指导之下而做出的。

而在利益集团和个人层面上，在历史上也有一些人出于各种目的善于利用历史学与历史之间的差异性来篡改历史事实，形成关于历史的错误的观念事实。通过历史学来对历史和历史事实进行作伪，都是人为地对历史和历史学所进行的恶意的干扰和破坏。

---

〔1〕　关于意识形态作伪，可详见张珂：《唯实主义》，人民出版社2020年版，第103—105页。

三、历史事实的绝对性

唯实主义认为，事实性具有绝对性，这意味着绝对性同样是历史事实的属性。虽然历史事实的绝对性在过去的时代里屡屡被打了折扣，导致历史学曾对历史造成了巨大的，很多时候是无法挽回的干扰和破坏，然而，对历史事实的绝对性的这种干扰和破坏是在信息缺乏充分的流通和开放性的条件下造成的。信息缺乏充分的流通和开放性是造成历史学与历史之间形成差异性和冲突性的前提。在缺乏主观故意的情况下，这个前提的存在使得历史学无法客观而准确地反映历史，这种状况实际上会造成历史研究者和撰写者产生非故意的疏漏和失误。但是，对历史事实的干扰和破坏更多的是人为地作伪的结果。

人为作伪的最主要的来源是国家意识形态对历史学的强制性干预和控制，使历史学不得不为意识形态服务。在古代社会，国家权力可以阻挡信息的流通，对信息进行垄断，从而加剧信息的不对称性，从而为意识形态的作伪创造条件。而在信息爆炸的互联网时代，国家权力对于信息的干预仍然在进行，只是干预的方式发生了变化，即通过强制性的直接干预转变为作伪，即通过扭曲和篡改信息的内容和造假来阻碍、干扰和破坏观念事实的形成，试图以形形色色的非事实来代替事实。

然而，历史唯实主义认为，无论是哪种情况，只要追求事实的意志存在，在信息充分流通的情境之下，历史事实的绝对性仍然会显现出来，并在历史学与历史之间的博弈之中发挥功能，导致关于历史事实的正确的观念事实的形成。也就是说，历史学与历史之间的差异性和冲突性最终都会被历史事实所克服。在历史事实的绝对性的作用之下，只有历史事实才是历史学和历史的共同根据，历史学和历史能够统一的事实基础，而只有历史事实才是能够实现历史学和历史完成统一的唯一基础。

历史事实的绝对性从根本上决定了作伪存在的合理性、可靠性和可能性，决定了作伪的有限性和限度，决定了历史事实的不可战胜性和不可替代性。同时，历史事实的绝对性也赋予了去伪的必要性和合理性，也决定了去伪的可靠性和不可战胜性。

第八节 唯实主义的非时代性原则与作伪

非时代性原则是唯实主义的一个重要的原则。非时代性原则对于错综复杂的包括观念事实和历史事实在内的行为事实的正本清源、去伪存真和拨乱反正，即彻底地去伪，具有重要的意义。非时代性原则是对体现在观念和历史维度上的事实的尊重，这种尊重超越时间、空间和个体的范畴。

一、非时代性原则与事实的确立

所谓的非时代性原则是指不急于对事实性做出判断和定性，而要等到脱离了特定的时代之后再完成从事实性向事实的转化，再对事实的本质进行定性。非时代性原则是对于某些一时难以形成事实的事件而言，是历史唯实主义的方法，也就是说，对于一些被作伪严重破坏了的、缺乏唯实史料和十分复杂的事件只有交给历史才能够逐渐完成对事实性的三个原则的满足，而不能和无法急于求成。对于一些重大的历史事件和政治事件，往往纠结着各种作伪，而这些作伪来自事件的参与者和利益相关者的纠葛，这使得事件的事实性变得过于复杂，以至于在其发生的时代以及紧随其后的一段时间内，由于其复杂性和利益的交织无法形成完整性、真实性和主客观的充分交融性，只有等到进入了下一个时代和以后的时代，事件的参与者的阐述达到了全面和观察者摆脱了利益的干扰之后，事实性的三个原则才能逐渐得到满足，完成从事实性向事实的转化和过渡，真正的即完成了的事实才能够出现。

二、国际关系中的事实性与非时代性原则

非时代性原则对于国际关系中的事实性不仅是适用的，而且是十分重要的。这是由国际关系中的事实性的复杂性和超越时代的特征所决定。虽然绝大多数的历史事件和行为事实是能够通过非时代性原则加以解决而形成事实的，但是有些历史事件的利益纠葛是如此深厚和复杂，以至于经过几个世纪之后，各方仍然无法根据事件的真实性进行主客观的充分交融，事实的构建仍然是个在建工程。例如，中世纪的十字军运动就是这种情况。2001 年发生的 9・11 事件和随后的反恐战争又再一次揭开了历史的旧伤疤，西方国家和伊斯兰教国家针对十字军东征的性质又进行了新一轮的激辩。关于十字军运动与作伪的关系可见后文“历史中的作伪与战争”部分。

非时代性原则体现了有些复杂的行为事实要转化为观念事实和历史事实的难度，体现了一些国际事件的作伪的难度，更说明了去伪的难度和复杂性。耐心地发现事件的真实性，一步步地将这些真实性由点及面到立体构建出立体性的完整性，在

这个过程中实现主观和客观的充分融合，将非事实、部分事实转化成真实的事实性，打碎和剥去层层伪装的作伪油彩，再难的行为事实也会变成合理的观念事实，并由观念事实过渡到完全的事实性，形成完成了的事实。

许多国际关系事件都是由诸多行为体在较长时间跨度内参与的行为事实，过程十分复杂多变，主观角度众多，尤其是参与行为体的各种利益介入和纠葛十分复杂，在短期内难以完成主客观的充分交融，因此只能形成部分事实无法形成完整的事实，由于各种谎言和不准确的描述的存在也无法形成真实性。主要在时间冲刷干净了各行为体的利益纠葛之后的时代内，事实的客观性才能逐渐充分地展现，事实才能真正水落石出，形成完成了的事实。因此，唯实主义的非时代性原则对于国际关系是同样适用的。

对于国际关系中的作伪，非时代性原则不但适用，而且是个有力的去伪利器。许多精心设计和机关算尽的作伪不仅自身十分复杂，各个参与行为体的利益纠葛深厚，而且会受到作伪发起国对去伪进行刻意的持续性地阻挠和破坏，致使其作伪难以在短时期和当代被识破和去伪,因此,只有当时代的潮流褪去，各方的利益淡化和消失之后,这些作伪才能被识破和原形毕露，才能被充分的作伪。只有在作伪被充分去伪的前提下，国际关系中的事实性才会回归，真正的事实才会出现。

第二章

作伪及其本质

作伪的本质就是通过谎言和造假进行欺骗。唯实主义认为，国家层面的作伪并不只是随机的谎言，而是有预谋和有针对性的系统性的谎言。本书的研究对象是国家层面的意识形态的作伪。[1]而“意识形态的作伪就是国家权力为了自身的利益根据意识形态的需要利用国家机器系统地篡改事实性和虚构事实的行为。”[2]因此，作为国际政治行为的作伪是一种由国家进行的系统的欺骗行为。

在国际关系的实践中，非政府组织所起到的作用也是不可忽视的，尤其是在互联网时代，非政府组织的声音和行为频频出现在视野中，事实上，虽然以非政府组织的面目出现，但是许多发挥政治功能的大型的非政府组织都是由国家资助甚至由政府官员直接操控运作的政府组织，其中的一些是作伪的急先

---

〔1〕 本书所研究的作伪是指国家层面的，尤其是意识形态的作伪。为了行文的简洁和便利，本书的作伪专指国家层面和意识形态的作伪，除非特别说明。

〔2〕 张珂：《唯实主义》，人民出版社 2020 年版，第 104 页。

锋，发挥的是国家行为的功能。故此，本书在此后有关章节的行文中对发挥国家行为功能的非政府组织一同视为国家的一部分，其行为视为国家行为，除非特别提及和举例，不再加以刻意区分。

第一节 作伪的本质

唯实主义认为,作伪是对事实和事实性的扭曲、篡改和否定，是站在唯实主义反面和对立面的反唯实主义的行为。

具体来说，国际关系中的作伪是通过系统性的谎言和造假来进行误导和欺骗的国家行为。然而，作伪并不是简单的谎言，也不是简单的造假，而是试图通过制造和散播精心制作的系统性的谎言和造假以达到的特定的目标进行误导和欺骗的目的。从更深的层次来看，作伪不仅旨在一时性的误导和欺骗，更在于用来扭曲人们对事物和行为的认知和观念，试图在践踏事实性的基础上制造出违反事实性的虚假的观念；同时，作伪的发起者并不是指一般性的个人和团体，而是指国家。因此，在国际关系中，作伪的本质就是一种试图通过系统性地、通过撒谎和造假的欺骗行为，是一种试图扭曲和篡改观念事实的形成和传播的反唯实主义的国家行为。

作为国家层面的系统性的谎言和造假的作伪行为，即本书所要解构的对象，改变不了这个本质。也就是说，作为国际政治行为的作伪同样是为了欺骗而制造出的谎言和造假，并且是由国家为主体而在国际舞台上散播的具有攻击性的系统性的谎言和造假。

唯实主义认为，虽然作为事实形成过程的事实性会在时间维度上呈现出多样化的形式，然而形成了的事实却只有一种。但是作为对事实和事实性的否定的谎言却具有许多种形式和表现，可谓是形形色色。而国家层面的作伪并不是一般意义上的谎言和假象，也不包括其他所有种类的谎言和假象，而是特指以国家为行为体而设定和实施的针对特定的对象的具有意识形态和政治攻击性的被精心炮制出来的系统性的谎言和假象。[1]

本书使用了唯实主义的术语作伪来代替一般性的谎言，除了作伪比一般的作伪更具系统性和复杂性等属性之外，也是为了将其作为一个国际政治的新现象和新行为来加以客观性的描述、分析和解构，而适度地淡化这些现象和行为的负面色彩和感情色彩。而一般性的谎言被视为简单性作伪，是作伪的一种简单形式。

第二节　有关作伪的一些概念性规定

虽然作伪作为国际政治中的一种现象已然存在，但是不仅在理论上对作伪尚没有做出理论性的分析，有关作伪的许多概念也没有做出系统的厘清和规定。然而，这些基础性的工作是在理论上对作伪进行解析的前提和基础。

---

〔1〕　“如果不参考或不对人们的世界观做出假定，我们就无法解释人类的行为。”（Jervis, Robert, *The Logic of Images in International Relations*, Princeton University Press, 2017，p. 2.）这句话有助于理解作伪的本质。

一、作伪的属性

对于国家行为层面的作为国际政治行为的作伪来说，作伪具有预谋性、针对性、系统性和主观故意性。也就是说，作伪在目的性上具有攻击性，在道德上具有欺骗性，在形态上具有多样性，在构成上具有复杂性，在功能上具有结构性。这些特征和表现形式都是作伪的内在规定性。

二、作伪的主体和对象

作为国际政治行为的作伪的发起者和打击对象都是以国家为主要的行为体。这些国家相对于作伪，可分为作伪发起国、作伪的目标国家和作伪的受害国等类型。

（一）作伪的主体是国家

当作伪的策划、制定和实施主体是国家，从事这种行为的国家就是作伪发起国。虽然作伪的主体是国家，但其他的行为体也可从事作伪行为。由多个国家组成的国家集团、国际组织、非政府组织甚至个人也都可以发起作伪，因此，它们同作伪发起国一起也可被称为作伪发起者。但是，在这些非政府组织的背后仍然是国家，其行为仍然是由作伪发起国为主导的。

根据唯实主义的事实性原则，我们发现，以美国为首的西方国家〔1〕是最主要的作伪发起国，这些国家将作伪视为常规性的国际政治手段和工具，在国际关系中频频对目标国家发起

〔1〕 本书中的“以美国为首的西方国家”是包括日本在内的，除非特别注明。日本虽然是亚洲国家，但在战略上却是美国的“盟友”，实际上是被牢牢地绑在了美国战车上的、对美国亦步亦趋的从属国。

意识形态攻击。从这些国家的行为实践来看，作伪是其发动意识形态、政治和舆论攻击的越来越倚重的国家行为方式。

（二）作伪的对象

在国际关系中，作伪的打击对象主要是被作伪发起国认定为潜在的或现实的对手和敌对的国家，这些国家就是作伪的目标国家。

虽然在国际关系中，作伪的打击对象主要是目标国家，但它们的范围并不限定为单个的国家，某一类型的国家和国家集团及国际组织，政党、民间组织或者个人等，也可以成为作伪的打击对象。因此，这些作伪的打击对象可以被统称为作伪对象。

被作伪发起国认定为作伪的目标国家的国家说明和体现了前者对后者在对外关系上的定位。也就是说，被作伪发起国设定为作伪目标国家的国家基本上被认定为了潜在的和现实中的对手和敌人。一个国家对于盟友和友好国家是不会发动作伪攻击的，即使它们之间偶尔会出现这样那样的分歧甚至小的冲突。只有针对敌对国家才能发动持续性的作伪攻击和意识形态攻击。因此，作伪不仅是敌我关系的信号，也是对敌国实施打击的具体行动。

唯实主义的事实性原则表明，凡是与以美国为首的西方国家具有不同政治制度、国家体制、意识形态、宗教和文化差异的国家，都是它们反动作伪攻击的潜在的目标国家。它们会根据自身利益的需要在特定的国际形势下针对特定的目标国家反动意识形态和作伪攻击。

不沦为作伪的受害国是作伪的目标国家所要达到的首要目的。虽然被作伪发起国设定为目标国家，然而，目标国家在遭受作伪的打击时却不一定都会成为受害国，而只有缺乏抵御作伪的能力、意识和有效行为，即去伪的国家才能成为作伪打击的受害国。

（三）作伪的受害国

作伪的受害国是指作伪发起国针对目标国家实施了作伪行为之后，目标国家受到了预定的伤害和打击的后果体现。作伪受害国的出现意味着作伪发起国针对作伪目标国家实施的作伪攻击在一定程度上收到了预期的效果。

在受到美国通过“洗衣粉事件”而发动的第二次伊拉克战争的打击之后，伊拉克被以美国为首的西方国家联军大规模的军事侵略，其合法政府被推翻，经济遭受毁灭性破坏，伊拉克人民被推入了水深火热的战争深渊，流离失所，但是被美国政府高级官员在联合国信誓旦旦地保证过的伊拉克的核武器和化学武器等大规模杀伤性武器却从未被发现。

伊拉克成为作伪受害者的惨痛典型。

第三节　作伪是一种国家行为

本节阐明了对作伪的本质的定性和定位，这对于认清作伪的本质和相应的去伪具有决定性的意义。我们必须清楚地知道和牢牢地把握，在当代国际关系上大行其道的作伪是一种针对特定目标国家的以意识形态攻击为手段的国际政治行为。

一、作为国际政治行为的作伪

对于作伪发起国来说，作伪并不是偶发的和个别的做法和政策，不是一般性的谎言和一般性的欺骗行为，而是与国家战略进行密切而有机地结合的国家行为。也就是说，作伪是国家战略的有机组成部分和国家政治行为的重要种类。不仅如此，作伪是具有攻击性的国家意识形态行为，也是针对别国的一种充满敌意的政治攻击行为。

对作伪的这种认知和定性，是采取针对性的去伪行动的前提和基础。

二、作伪是针对敌对国家的政治和意识形态攻击行为

欺骗性和攻击性是作伪的本质属性。每个作伪都是要通过欺骗来达到某种不可告人的政治目的，都是为作伪发起国的国家战略服务的国际政治行为。

从作伪的直接功能来看，作伪是要对目标国家的国家行为和国际形象形成虚假的扭曲的观念，造成负面影响，以达到削弱和杀伤目标国家的软实力的目的。在作伪的直接功能达到之后,作伪发起国便会针对作伪目标国家采取进一步的攻击行为，包括各种形式的颠覆行动和直接的战争行为。

意识形态的作伪是国家战略的有机组成部分，是为国家的根本利益服务的综合性的国家行为。作伪是作伪发起国对其他国家发起的系统性的政治攻击行为和国家战略的有机组成部分，而当作伪作为一种国际政治的行为方式屡次出现在国际关系中时，作伪在客观上也成为国家行为和国际关系中不可忽视的新现象呈现出来。作伪是国际政治行为和国际关系中的现象，这是唯实主义关于作伪的本质的一个重要的定性。

鉴于作伪作为国家行为和国际关系中不可忽视的现象的本

质，因此，对作伪行为要给予充分的重视和正面的应对，否则，目标国家必将受到作伪不断地侵害，使自身的国家置于十分不利的国家处境之中。在信息时代，不重视或者忽略对手国家和潜在的敌手国家的作伪行为就是不重视和忽略这些国家的国家政策，就是不重视和忽略这些国家的国家战略，同时也是不重视和忽略对本国国家利益和国家安全的保护。

第四节　作伪的哲学根据

作为国家层面的系统的谎言编造和实施的产物，作伪是由国家体制和制度参与、保障和实施的国家行为。这种深厚的制度根基决定了作伪是具有哲学根据和制度基础的复杂和复合性的行为。

一、作伪的意识形态基础

在国际政治和国际关系中，作伪是国家间的攻击行为，是作伪的发起国对目标国家所发起的攻击。作伪也是一种反道德的理念和行为。作伪是建立在坚固的意识形态基础和西方的政治理论和实践基础之上的国家行为。

（一）作伪的近现代意识形态基础

一些国家对另一些国家的意识形态偏见、误解和敌视是作伪产生的观念和认知基础。一些国家认为本国的意识形态和价值观是完美的和优越于其他国家的，而当后者不接受这种优越感并且在国家利益方面产生冲突时，便会将这种优越感武器化，转化为以意识形态为基础的国际政治攻击行为，不惜捏造事实对作伪的目标国家进行抹黑和打击。

在现实的国际政治中，作伪发起国基本上是以美国为首的西方国家。这些国家认为自己奉行的以民主制度为核心的意识形态和国家体制是完善的、优越的甚至是完美的，是所有国家都应该效仿和实施的“普世价值”。这些理念还派生出了一些其他的理念，如美国特殊论（American Exceptionalism），基督教，人权高于主权等。在这种理念支撑之下，这些国家将自由、民主、人权等口号变为对其他国家进行打击的意识形态和政治工具，直接将其武器化。以美国为首的西方国家认为，世界上所有的国家都应该接受意识形态和国家行为模式，服从他们的号令。而一旦有国家不接受，就要对这些国家进行打击。[1]而以美国为首的西方国家对这些国家进行系统打击的第一步就是作伪。

虽然经过以美国为首的西方国家的几百年的长效作伪，这些国家的意识形态被包装为以民主、自由和人权等概念为基础的“普世价值”，但是在实质上，这些国家的意识形态则完全是另外一些强权政治的理念。这些强权政治的理念包括实用主义、功利主义、白人至上主义、殖民主义、霸权主义和军国主义等。

可以看出，以美国为首的西方国家针对作伪目标国家所发

---

〔1〕 在美国等西方国家的内部文件中，对其主宰和统治世界的目标进行直言不讳的表述并不少见，而在公开和半公开的学术性和政策性的期刊中也可见端倪，其中典型的例子有美国《外交世界》2003 年 11 月一期的文章。这篇文章说：“（西方富有国家）共同致力于推动一个占统治地位的经济模式的普及化，以期在此基础上达成全球稳定性的目标。自由民主国家是经济、金融以及科技的根本核心，其他国家必须接受它所发出的指令，融入此根本核心中来。”（参见 Bourdeix, Bernard, *Le Grand Livre des Conspirations*, Edition La Martini e re Groupe, 2009，pp.58-59）。

起的绝大部分作伪都是在充满理想主义色彩的“普世价值”的口号下进行的强权政治攻击。这就是以美国为首的西方国家进行作伪的真正的意识形态基础。

（二）作伪是马基雅维利主义传统的延续

马基雅维利主义是对中世纪意大利政治学家马基雅维利[1]的政治主张的称呼。马基雅维利主义对于西方政治学在方法论是有贡献的，体现在将政治学的基础从传统的以基督教为基点转为以人性为出发点，认为政治的基础是权力而不是道德。马基雅维利主义强调权力的功利性和效果，认为只要目的正确，就可以不择手段。

马基雅维利主义将伦理学中的反道德和恶的观念引入到了政治学之中，形成了一种政治学和政治行为的反道德的功利主义和强权至上的价值观。从近现代西方文明意识形态的观念事实和国家行为的历史事实来看，马基雅维利主义的反道德的政治功利主义和强权至上的价值观在欧洲国家取得了巨大的成功，对近现代西方国家的政治学和国家行为产生了深远的影响，已然成为其意识形态和政治正确性以及其国家行为模式的重要组成部分。

由此可见，非道德和反道德以及与之相辅相成的强权主义的国家行为一直是西方国家近代以来的传统政治价值观和行为

---

〔1〕 马基雅维利（Nicolo Machiavelli，1469—1527年）生于意大利佛罗伦萨，曾担任佛罗伦萨共和国的秘书达18年，负责外交和军政事务，后被罢免为民，回到农村老家专心写作。著有《李维史论》《佛罗伦萨史》《兵法》和《君主论》等著作。因《君主论》一书而被誉为西方“政治学之父”，对西方政治学界产生了深远的影响。（King, Ross, *Machiavelli: Philosopher of Power,* HarperCollins Publishers, 2007.）

方式，其反道德性和强权主义在不同的时期和政治情境下会通过不同的国家政策和国家行为体现出来，作伪就是它们的典型表现。而西方意识形态和国家行为的作伪特征在互联网时代得到了进一步的强化和升级，如此一来，作为国际政治行为方式的作伪是西方的马基雅维利主义的政治价值观在互联网时代的延续。

关于国际关系中的道德与实力的关系以及对负面国家道德力量的进一步解析，可见后文第八章的相关部分。

二、作伪的反唯实主义的哲学根据

作伪的哲学根据同样在于唯实主义，只不过是通过对唯实主义的违背和践踏即反唯实主义来体现的。相对于唯实主义，作为反唯实主义的作伪具有三个哲学层面的根据：一是哲学技术性的，二是人们对于事实性的认知习惯，三是意愿和是非之间的偷换概念。

（一）用非事实来否定事实

很明确，作伪是反唯实主义。在哲学理念上，这意味着作伪是试图利用非事实（包括伪事实和反事实[1]）来对事实和事实性进行掩盖、篡改、否定和攻击，以达到影响和左右其他行为体对事物的认知和判断，以图促使其采取错误行为的效果。

作伪对事实性的掩盖、篡改和否定实现是针对观念事实的生成而进行的，而这也不可避免地波及历史事实，并对历史事

〔1〕 伪事实就是以事实的形式出现的非事实。反事实就是对事实的否定和攻击。伪事实和反事实都是非事实，都是作伪的形式，都是反唯实主义的表现。伪事实更具欺骗性，而反事实则更具攻击性。

实的形成造成同样的伤害。

（二）哲学技术上的根据

从哲学技术上说，作伪对非事实的捏造是通过对唯实主义的关于事实和事实性构成的三个基本要素而进行故意的、系统性的人为破坏、篡改和践踏而形成的。如前所述，唯实主义关于事实构成的三个基本要素是真实性、整体性和主客观的充分交融性。而作为事实性的对抗范畴的作伪，其哲学根据相应地就是建立在反唯实主义的基础和原则之上的，即作伪是从唯实主义的反面发力，是建立在对事实和事实性的三个原则进行系统性的破坏之上的，这就是作伪的反唯实主义的技术根据。

作为国际政治行为的作伪的常用的手段是人为地对事件的事实性进行系统的扭曲和篡改以达到破坏人们对事件和行为的描述及对其本质的显示和呈现，甚至通过人为地制造虚假的事实来误导和欺骗其他国家、行为体和国际社会。作伪的反唯实主义的目的就是要破坏事实的真实性，使人们无法了解真相，从而误导人们形成错误的观念，阻止正确的观念事实的形成和传播。

作伪惯用的手段是只针对事件的一部分即部分事实进行报道、展示和说明，而忽略其他的部分甚至大部分。这种以偏概全的方法就是在破坏事实性的完整性，用部分事实来代替整个事实，从而误导其他行为体和国际社会，形成有利于作伪发起国的舆论。

作伪的另一种惯用方法是只对个别人和特定类别的人进行沟通、采访和报道，而对大多数的事件参与者和其他类别的人群置之不理。这种偏听偏信的做法就是在阻断和破坏主客观的有机融合性。

这些列举的常用的作伪方法逐一地干扰和破坏了事实性的三个必要的构件，剥夺了人们对于事件和行为的事实性的了解和认知，使国际社会无法形成真正的观念事实。

（三）公众对事实性的认知习惯

唯实主义是针对事实性的哲学方法论。然而，在人们的认知实践中，对事实性的认知和探究却是具有稀缺性。也就是说，在绝大多数人的认知方式中，虽然事实性很重要，但唯实主义并不具有普适性，只适用于极少数有能力有责任感有勇气的人，如极少数历史学家、学者和更少数的哲学家才会孜孜以求事物的真相，将对事实的构建作为认知的终极目的。

实际上，绝大多数人的知识和信息是通过书籍，公共媒体（包括电视和网络）所获得的，这些知识和信息中的大部分甚至绝大部分都是未经充分证实和验证的，只能反映部分的事实性，而他们个人没有能力去证实，验证和填充。也就是说，公众中的绝大多数人是常态化地处于信息不对称性之下的。正是这种信息不对称性才为以各种形式从各种渠道和各种人口中说出的各种非事实性言论提供了可能性，也为作伪提供了广阔的空间，尤其是当一系列的谎言是以国家和政府出面传播的作伪形式出现的时候，许多人便有更大的可能性相信它们。正因如此，才使人类生活在一个充满非事实和部分事实舆论环境之中，谎言和作伪才能经常性地大行其道，危害社会和世界。

（四）意愿与是非之间的偷换概念

在许多情境下，作伪发起国对目标国家的攻击其实与以事实和事实性为基础的是非观并无关系，而只与其霸权主义的意志直接相关。作伪发起国对目标国家发起战略性作伪的目的就是试图将其霸权主义的意志用以是非观的面目出现的作伪表现出来,从而掩盖其真实的目的,实现意愿与是非之间的偷换概念。

这种偷换概念如同一个抢劫犯,明明是要抢夺路人的财物,却首先指责是路人走错了路,所以必须受到抢劫。只是抢劫犯的这种强词夺理的说辞无法掩盖其实施抢劫犯罪的本质,而作伪发起国的偷换概念的作伪自然也无法掩盖其真强盗假君子的虚伪本质。

作伪发起国在意愿与是非之间进行偷换概念的原因在于玩弄道德悖论的把戏。赤裸裸地在国际关系中展示霸权主义行为将使侵略国家丧失道德高地,受到国际舆论的质疑、谴责和反对,而作伪则恰恰能为侵略行为贴上一层虚伪的面具。借助作伪这个具有欺骗性的面具,侵略国家可以欺骗国际舆论,掩盖自己的真正意图,玩弄道德悖论的把戏。这就是以美国为首的西方国家如此执着地坚持作伪,并将其视为实现其国家战略的重要的国际政治行为的根本原因。

三、通过扭曲历史学来篡改历史事实

如前所述,根据历史唯实主义,历史学和历史是不能进行等同的,两者之间是存在着差异性的,有时两者之间的差异性相当巨大,可以表现出尖锐的对抗和冲突,直至相互否定。

历史事实告诉我们,在大多数情况下,历史上对历史事实所做的系统性的作伪正是在意识形态原则指导之下而做出的。而历史上的一些利益集团和个人,出于各种目的善于利用历史学与历史之间的差异性来篡改历史事实,形成关于历史的错误

的观念事实，误导和欺骗大众。通过历史学来对历史和历史事实进行掩盖、篡改和造假，都是作伪行为，都是人为地刻意对历史和历史学所进行的恶意的干扰和破坏。

典型的例子是二战之后的日本右翼势力。在二战之后，日本战犯虽然被战胜国根据国际法进行了审判，但是日本的右翼势力并不接受失败和受到国际社会审判的事实，而是频频以历史学的面目出现，蓄意篡改和编造历史事实，对国际社会的政治事实和其犯下的侵略战争罪行进行作伪攻击，以达到否定发动侵略战争，洗刷战争责任的目的。〔1〕

第五节　作伪的其他理念基础

作为一种对反事实的认知和行为，作伪除了具有哲学基础之外，还具有（反）道德、心理学、传播学和网络基础。

一、作伪的（反）道德基础

作伪的道德性质是反道德的。反道德是作伪的道德本质。相比于其他形式的对道德的违反和践踏，作伪是以道德的名义来践踏和绑架道德的，也就是这种对道德的双重践踏形成了作伪的道德悖论。

（一）作伪是践踏道德的行为

如果将人类的观念和行为分为善与恶、正义与非正义、公平与不公平的话，那么作伪，无论以何种面目和形态出现，总

〔1〕　参见王向远：《日本右翼言论批判：“皇国史观”与免罪情结的病理剖析》，昆仑出版社 2005 年版。

是与后者即恶、非正义和不公平站在一起的，并且是将恶、非正义和不公平行为化、现实化和具体化。也就是说，作伪不仅是恶的观念，还是恶的实践，这就是作伪具有反道德性质的基础。

这种伦理学意义上的恶的观念通过马基雅维利主义已经成功地转移到了政治学领域，并通过国际政治行为而加以体现。西方政治价值观的这种恶的传统在互联网时代找到了新的载体和工具，那就是作伪。

不言而喻，以系统性的谎言和造假为内容的作伪始终是不道德的，是对道德的打击、否定和践踏。更为恶劣的是，在国际关系中，作伪经常打着道德的大棒来打击、否定和践踏道德，或者说作伪发起国是以道德的名义来进行道德绑架并且来实施道德攻击的，形成了作伪的道德悖论。

（二）作伪的道德悖论

作伪的道德悖论实际上就是将自己的反道德行为和罪恶栽赃到目标国家身上，对其进行道德谋杀，并为进一步的硬性攻击铺平道路。

从作伪在形式、内容、目的和效果等各方面的表现可以看出，作为马基雅维利主义的政治价值观的延续的作伪实际上就是对道德的否定、敌视和践踏。具有正常的道德观和道德感的国家是不会将作伪作为国家战略和国家的重要国际政治行为的。能够这样做的国家都是缺乏或者具有扭曲的或者反道德的道德观和道德感的国家和行为体。持有这样的反道德的道德观的国家视道德为获得利益的工具和手段，这本身就是对人类道德底线的突破和践踏。

更进一步的是，作为道德践踏者的作伪发起国却对其他国家举起了道德大棒，指责它们违反和践踏了道德。作伪对作伪的目标国家的杀伤力却恰恰体现在对道德感的扭曲性的利用。作伪的重要内容之一就是污蔑目标国家违反道德原则，如违反人权、不民主、强迫劳动，独裁、专制甚至种族灭绝。作伪的目的就是使国际社会相信受到作伪攻击的目标国家违背和践踏了道德，给它们贴上非道德和反道德的标签，进行道德谋杀，使其陷入不义的泥潭之中，从而激起其他国家的公愤，即形成破窗效应，继而为采取各种形式的硬性的抵制和制裁措施制造国际舆论和铺平道路。

因此，作伪攻击实际上体现了道德具有两面性的功利主义的利用，具有道德意义上的两面性。作伪这种相对于道德的两面性，即自身对于道德的践踏和对别国挥舞起的道德大棒，或者说通过践踏道德来达到道德的目的,体现了作伪的道德悖论。作伪的道德悖论是双重的恶念和恶行，是对道德的双重否定和践踏，是将属于自己的恶的标签贴在作伪的目标国家和受害国身上。

二、作伪的心理学依据

无论是对事实的认知还是对谎言、假象和作伪的认知，都是一种认知，都属于认知心理学的研究范畴，都可以在一定程度上在认知心理学中找到一定的根据。从认知心理学的视角来看，作伪者也正是利用了人对新的信息的反应来误导人和国际社会的。

（一）认知的过程

认知是一个心理学的术语，指人们在受到信息的刺激时大脑进行反应，并启动接收、选择、组织，然后，人的大脑会对信息进行理解和判断，再根据自己的判断做出相应的行为。在最初的反应中，人们得到的信息是不完整的，还无法根据这些不完整的信息对事件的真伪做出辨别，也无法根据事实性采取合理的行为。也就是说，无论是虚假信息还是真实的信息都能够启动人的认知过程，都能促使人们做出判断和采取相应的行动。

（二）认知与第一印象

在信息高度发达的信息时代，作伪发起国将作伪提高到了国家战略的高度。作伪发起国战略性提高作伪的心理学根据就在于利用互联网在信息生成和传播上的速度，在于扭曲认知的第一印象来达到“恶人先告状”的效果，即利用互联网的即时性的特点快速制作和传播虚假信息和假新闻等简单性作伪，以达到先入为主，快人一步，形成先入之见的目的，以此来冲击人们对观念事实的构建。

综上所述，无论是在前信息时代还是在信息时代，作伪都在于利用人的认知方式和过程，通过虚假信息来启动人的认知过程，对其造成最初的印象。当后续的信息不断强化这个最初印象时，有些人便会做出收到的信息是真实的信息的判断，并根据这个错误的判断做出错误的行为。

三、作伪的传播学基础

作伪是在媒体平台是进行的，它自然与传播学密切相关。事实上，作伪者善于利用传播学的规律来进行作伪攻击并且加大作伪的效果。

（一）作伪的信息不对称性

作伪之所以能够产生是具有信息传播的基础的，这就是作伪发起国对于信息不对称性的一些规律和特点的利用。

虽然信息不对称理论最初是作为市场经济的现象而提出的理论,然而这种现象同样存在于其他的领域,包括国际政治领域。所谓信息不对称是指人们对于信息的掌握程度是不同的，有些人掌握得多些，有些人少些。信息不对称性使信息掌握多的人相对于掌握少的人具有优势。这些优势体现在能够更早地做出判断和能够更早地做出比较准确即接近事实性的判断。信息高度发达的互联网时代不但没有消除信息的不对称性，反而扩大了信息的不对称性，使掌握信息的人们和不能及时掌握信息的人们之间的差距加大。

互联网技术在理论上形成了信息不对称性。但是，网络信息的信息不对称性的消除并不是必然的和天衣无缝的，而是有条件的和分时段的。也就是说,在信息生成和发布的一定时期内，在缺乏有效的去伪措施的情况下，针对某一特定事件的信息不对称性仍然是存在的，并且也可能被扩大。

而网络信息的分时段的信息不对称性的扩大为作伪发起国提高作伪的功能提供了可能性。作伪发起国利用信息的不对称性，通过提供和散布假新闻而使人们获得第一手的信息和资料，先入为主地扭曲人们对于特定事件的事实性，从而达到自己的篡改和捏造事实的目的。

（二）沉默螺旋陷阱

在作伪与去伪的博弈中，传播学的沉默螺旋陷阱会对作伪与去伪的效果产生一定的影响。事实上，沉默螺旋陷阱是国际关系领域中涉及作伪与去伪的一个规律。

关于沉默螺旋陷阱的介绍可见后文第七章的相关部分。

四、作伪的网络基础

在互联网时代,绝大多数的作伪是在互联网上进行传播的。互联网时代的作伪离不开互联网。因此，互联网的技术和平台是作伪与去伪进行博弈的重要工具和平台。

关于作伪的网络基础可见本书第四章和第五章的相关部分。

第六节　作伪的制定和实施

作为国家战略的有机组成部分，作伪的制定和实施都是一整套严密而系统的跨部门的综合性国家行为。

一、作伪是个系统工程[1]

国家行为本身就是个系统工程，而作为国际政治行为的作伪同样是个系统工程。作为有预谋、有组织和有明确主观故意性的作伪是由国家发起、制定和实施的。这表明，从一开始作伪就是个环环相扣的系统工程。作伪工程的系统性表现在作伪的立意之上，表现在制定之上，表现在实施之上。

二、作伪的制定

作为国家行为，作伪是由国家的政府部门参与策划和制定的，是跨部门的项目，往往涉及发起国在本国和其他国家的政

〔1〕　对于美国的作伪体系的进一步解析，可见本书第五章的相关部分。

府部门和机构，目标国家的分量越重，参与的国家部门越多，涉及的地区和国家越多，投入的精力和资源越多，持续的时间越长，对作伪的期待值就越高，实施的力度也越大。

美国的作伪行为往往是由国务院发起，由中央情报局（CIA）、联邦调查局（FBI）等国家级情报部门提供情报，情报的来源还包括常驻目标国家的大使馆、领事馆和商务代表处等机构，以及安插在目标国家和其他国家的间谍机构，等等。

在互联网时代，作伪的制定离不开互联网技术和互联网。作伪发起国调动各个政府部门的力量和资源，利用互联网技术来快速生成和制作针对目标国家的关于特定事件和特定主题的谎言和作伪。

三、作伪的实施

作伪的实施更加是个由诸多的政府部门参与的国家行为，政府部门的参与数量、深度和力度较之作伪的制定有过之而无不及。

为了达到特定的目的，作伪一旦形成便具有一定的超越时空的特点。也就是说，一旦作伪形成，它便形成了一种观念事实，具有了观念事实的特征。这意味着同样的作伪在经过修改和改头换面之后可以在不同的时空针对一个目标国家反复使用，也可以针对与特定的目标国家相似的国家而使用和反复使用，并且每次使用的规模和力度可根据国家时局的不同而有所调整和变化。

在互联网时代，在作伪制作完成之后，互联网是对其加以实施和散播的重要平台之一。相比于报纸杂志等传统媒体，互联网具有传播速度快和受众面广的优势。从政府高官和发言人口中说出的作伪可以在网络上迅速传播，在短时间内对目标国家造成预定的攻击效果。

第七节　作伪的国家行为基础

作伪是国家行为，也是国家战略和国家行为的有机组成部分，它的形成、实施和定位是建立在深厚的国家利益和意识形态基础之上的。

一、作伪的根本根据是利益

从根本上看，作伪之所以被一些国家提高到了国家战略的高度是因为它可以带来利益，是系列的国家行为链条不可或缺的组成部分。

二、作伪与国际话语权

一个国家明知作伪是一种不公正的和践踏道德的行为，为什么还要将其提高到国家战略的高度来大力实施呢？除了国家利益的驱动以及缺乏道德和良知的制约之外，少数国家掌控国际话语权是另一个作伪的基础。

（一）国际话语权与国际舆论霸权

话语权就是对说话权的控制，也就是控制舆论的权力。国际话语权就是一个国家在国际舞台上和国际关系中控制国际舆论的权力。国际话语权是一个国家在通过新闻和信息的传播在国际上所体现和运用的权力。国际舆论霸权就是一个国家通过国际话语权的控制来迫使其他国家接受自己的观点的霸权。国际舆论霸权是一个国家的霸权的有机组成部分。

在信息时代，国际话语权对于一个国家是十分重要的，它不仅是一个国家在国际政治和国际关系的存在感和重要性的体现，也是影响其他国家的舆论和决策走向的能力的展现。一个国家要进行作伪，将必须有一定的国际话语权，同时，拥有国际话语权也是一个国家进行有效去伪的前提和基础。而国际舆论霸权能够强迫其他国家接受自己的作伪，因此是作伪的强力保障。

在信息时代，国际话语权包括传统的纸媒、电视和电台，也包括作为新媒体的网络世界，而后者的重要性有超过前者的趋势。在网络世界中保持话语权和霸权已经成为一个国家保持自己的国际地位和霸权的重要组成部分。

在很大程度上，在传统媒体和网络新媒体的平台上进行的作伪与去伪之间的博弈也就是作伪发起国同作伪的目标国家之间的国际话语权之争，也是作伪的目标国家反对作伪发起国的国际舆论霸权的斗争。

（二）国际舆论霸权之下的作伪

有了对国际舆论媒体渠道和设施的掌控，如全天二十四小时在国际上持续播出的电视台，英语作为准国际语言的特殊地位，遍布世界各地的记者等，少数国家便自信可以垄断国际的信息传播渠道，可以利用互联网时期的信息不对称性，迫使人们偏信偏得，可以受到虚假信息的洗脑，可以扼杀和掩埋真相，可以将反复重复的作伪变成人们可接受的事实。这种做法实际上就是戈培尔[1]的“谎言重复一千遍便可成为真理”在新时期的体现和具体落实。

事实上，少数国家对国际话语权的掌控成为它们明目张胆和大刀阔斧地在国际舞台上进行作伪的物质基础和技术保障。而国际舆论渠道和设施更是成为作伪的近乎被垄断的资源。缺少了这些物质和技术的载体，大规模的作伪行为是缺乏现象可能性的，是难以被大规模实施和传播的。

第八节　作伪的种类

作伪是个复杂的国际政治行为，也是具有多种形态的国际关系现象。作伪既有历史渊源，也具有互联网和信息时代的新属性和特征。根据唯实主义的事实性的原则和理念，作伪具有多样性，可从层次上、内容上、形态上、功能上、效果上和时间上进行划分和归类。

一、从构成上划分

从作伪的构成上，作伪可分为谎言性作伪和造假性作伪。虽然谎言本身就是一种造假，但是两者是有区别的。谎言仅是在言语和语言上的捏造和传播虚假信息，而造假除了包括言语上的谎言之外，还包括实物性的造假和行为上的造假。

谎言性作伪是指通过编造有预谋的系统性的谎言来篡改观念事实的作伪。谎言性作伪与一般性的谎言不同，后者可以是

〔1〕　纳粹德国的宣传部部长，是具体操纵纳粹德国国家宣传机器进行作伪的实施者。

随机性的和缺乏攻击性的，但是谎言性作伪则是精心炮制的、具有明确的攻击性和目的性的针对特定目标和对象的系统性的以谎言为形式和载体的作伪行为。

造假性作伪是指除了谎言之外的通过造假来实施欺骗的作伪。造假性作伪通过制造虚假的行为事实和实物性事实来试图达到误导和欺骗的目的。人为地制造一种行为和事件并栽赃给特定的对象是造假性作伪的典型方式。

在实践中，谎言性作伪和造假性作伪经常被结合在一起来加以使用。造假性作伪的目的之一就是为谎言性作伪提供“证据”、口实和借口，对特定的目标和对象进行扭曲、抹黑和打击是两者的共同目的。

二、从层次上划分

从国家战略的层次上，作伪可分为战略性作伪和战术性作伪。

有些作伪是战略层面的，具有长期性和深刻性，旨在对目标国家的根本利益进行持续性的攻击。而有些作伪则是针对具体事件的作伪，追求短期的时效性效果上的轰动性。

事实上，战术性作伪和战略性作伪是相辅相成和密不可分的。战术性作伪是战略性作伪的具体实施，前者是在后者的指导下进行的，而战略性作伪是由多个战术性作伪组成的网络和体系。

战略性作伪的一个典型案例是冷战结束之后美国给俄罗斯开出的经济振兴的“休克疗法”。关于“休克疗法”，可见本书第三章的相关部分。

三、从范围上划分

从范围上看，作伪具有多样性，其范围可以涉及任何主体的任何方面。具体来说，作伪可分为单项作伪和综合性作伪。

单项作伪是指作为发起国集中于某个目标国家的具体事物的单一的作伪。例如，在政治上、经济上、军事上、技术上、文化上等制造作伪，也可以针对别国的领导人、政党、组织等制造作伪，形成假新闻，进行负面宣传和抹黑。单项作伪可是简单性作伪，也可是其他形态的复杂程度更高的作伪形态。

综合性作伪是指作为发起国针对目标国家的多个领域的事物所进行的作伪。综合性作伪往往针对某个具有影响力和轰动效应的重大事件进行作伪，其中涉及方方面面的多个领域和人物。综合性作伪是在覆盖面上而言，并不意味着它的复杂程度和系统性，有些综合性作伪也可能是简单性作伪。

四、从形态上划分

从形态上看，作伪可分为三种：掩盖性作伪、篡改性作伪和造假性作伪。

掩盖性作伪是指通过对事实性的主观掩盖使外界无法了解事情的真实性和完整性，从而对人们对事物的认知造成人为的误导。根据唯实主义，完整性是事实性构成的三个指标之一，作伪者掩盖了有关事实的信息和资料，就等于破坏了事实性的完整性，而掩盖性作伪的要点就是要用部分事实来替代完整的事实,起到以偏概全的误导和欺骗的效果; 而一旦失去了完整性，事实性的另外一个标准即真实性也必然受到破坏。通过这些破坏，事实性便无法完成向完成了的事实的转化，只能停留在伪事实的阶段，让人们只能看到和被迫接受部分的事实性和非事实。

篡改性作伪是对客观发生的行为和事件进行人为的扭曲、篡改和捏造，形成伪事实和反事实，人为地改变行为和事物的性质，从而达到对目标国家进行诽谤和攻击的目的。相比于掩盖性作伪，篡改性作伪攻击欺骗性和攻击性，更加咄咄逼人。篡改性作伪往往利用不同的价值观对目标国家发生的某些事件进行歪曲性的解读，从而篡改事件的真相和本质，达到混淆视听的效果。

造假性作伪是指通过捏造伪事实来取代事实性，从而促使人们产生错误和虚假的认知。造假性作伪是一种无中生有的人为地制造某种行为和事件来嫁祸于人，以达到栽赃和攻击目标国家的目的。造假是作伪的一个大的类别，即作伪是由系统性的谎言和无中生有的造假两大类构成的，这种造假是指行为上的造假，旨在形成虚假的行为事实；然而在技术上，造假也是作伪的一种具体的方法，这种造假性作伪是指语言上的造假，旨在对受众进行误导和欺骗，以形成错误的观念。

在这三种作伪形态中，造假性作伪是比掩盖性作伪和篡改性作伪更为恶劣的作伪行为，更具攻击性，会比后两者造成更大的伤害，更能使人们做出错误的判断和采取错误的作伪行为，其可能导致的行为后果和对目标国家所造成的伤害也更严重。

五、从目标上划分

从目标上看，作伪可分为两种：一次性作伪和引发性作伪。

一次性作伪是指只针对具体事件和人物而进行就事论事性的作伪，只具有一次性的预定目标和功效，在实施之后便不再具有其他的效果。在实践中，一次性作伪往往是作为综合性作伪和战略性作伪等长效作伪的一个局部作伪出现的，也就是说，作伪发起国旨在通过一次性作伪的累积来达到战术性作伪甚至战略性作伪的效果。

引发性作伪是指虽然以特定的事件和人物的作伪出现却并不以特定的事件和人物为唯一的目标，而是旨在引发一系列后续的连锁反应的作伪。引发性作伪所引起的连锁反应包括两种：一种是破窗效应，另一种是升级效应。两种效应以不同的方式可使作伪在量和质两个方面得到蔓延和强化，尤其是可以实现从软性作伪攻击向硬性攻击行为的升级。对这两种效应的解析，可见本书第五章的相关部分。

虽然可能以简单性作伪和战术性作伪等相对单纯的形态出现，但是引发性作伪着眼于作伪的长期效果，在实施和达到预定的目标之后还会引发进一步行为的发生，包括从软性的攻击行为升级为硬性的打击行为。引发性作伪可以导致严重的后果，因此，从作伪的效果上看，引发性作伪与战略性作伪和长效作伪具有相似之处。

在国际关系的实践中，绝大部分的作伪都不是针对一人一事的一次性作伪，而是旨在引起连锁反应和制造多种混乱的作伪，但是引发性作伪在引起作伪攻击的连锁性和升级上具有更为突出的内在目的性和外在的效果。许多重大的国际关系事件都是由引发性作伪引起的。如日本侵略东北地区就是由关东军制造的炸毁柳条湖的一段南满铁路而引起的，由一个简单性作伪和单项作伪引发了改变中国和日本历史的重大历史事件，使九一八事变成为一个典型的引发性作伪。

六、从与事件发生的次序关系上划分

从其与事件发生的先后次序上看，作伪可分为先发式作伪和后发式作伪。

先发式作伪是指为了引发特定事件的发生而在事先实施的作伪。先发式作伪就是引发性作伪。先发式作伪不仅可以引发一个事件的发生，还可作为一个逻辑起点而引发一系列的事件和行为的发生。先发式作伪可以导致严重的国际政治事件，如制裁、内乱、战争准备和战争本身。

后发式作伪就是在事件发生之后而实施的作伪。后发式作伪通常都是掩盖性作伪和篡改性作伪。后发式作伪经常被利用于对观念事实、行动事实和历史事实的解释，通过制造掩盖性作伪和篡改性作伪而达到对已经发生了的行动事实的解释、说明和定性，和对历史上的思想和历史事件进行系统性作伪的目的。

对于作伪发起国来说，后发式作伪具有特别重要的意义。作伪发起国往往事先不经宣告就采取特定的旨在伤害作伪的目标国家的作伪行动,而事后对这种行动却做出冠冕堂皇的“正确”解释，通过言行不一来掏空某项政治承诺。在行为上造成既成事实，事后再进行作伪式的解释，通过这种言行不一的方式，后发式作伪可以发挥对已经发生了的事件进行阳奉阴违地作伪性扭曲和篡改的功能。

对一个国家和民族的历史进行系列的作伪是严重的战略性

作伪，能够起到长效作伪甚至历史性作伪的作用，因此，针对一个国家和民族的历史进行的后发式作伪往往是最深刻和恶毒的作伪行为。

在国际关系实践中，先发式作伪和后发式作伪往往被相互结合使用，以放大作伪的攻击性和取得更大的作伪效果。

七、从时间上划分

从其有效性所持续的时间上看，作伪可分为四种：历史性作伪、长效作伪、中效作伪和短效作伪。

长效作伪是指对特定目标造成了长期伤害的作伪。长效作伪所造成的伤害无法在短期内被消除，致使其能够在相当长的时期内发生作用，甚至能够转化为历史性作伪。

短效作伪是指在短时期内产生效果，却很快就被识破和去伪的作伪。绝大多数的短效作伪都是失败了的作伪，其中，战术性作伪居多数。

中效作伪是指在有效性持续时间介于长效作伪和短效作伪之间的作伪。中效作伪虽然在一定时期内能够起作用，但在一段时间之后便被识破和去伪的作伪。

需要强调的是具有巨大杀伤力和破坏性的历史性作伪。历史性作伪就是作伪的目标国家长期无法被识破被作伪了的观念事实，也无法进行有效的去伪，以至于被作伪了的观念事实被普遍接受并被转化为了历史事实而记入历史之中。历史性作伪是伤害效果最长的长效作伪，是“最成功”的作伪，而最成功的作伪的要点就是将被作伪了的观念事实错误地转化为了历史事实。

八、从攻击性上划分

攻击性是作伪的基本属性，然而，在作伪发挥攻击性的方式上也有所不同。从攻击性上看，作伪可分为假象性作伪和一般性作伪。

如前所述，假象性作伪是假象和作伪的混合体。在各种假象之中，那些具有主观成分即针对自己所做出的假象也可被称为假象性作伪。对于假象来说，假象性作伪具有更明显的作伪特征，是针对自己进行的具有攻击性的假象；而对于作伪来说，假象性作伪是针对自己进行的为了掩盖自己行为的攻击性而刻意制造的作伪。

一般性作伪就是具有攻击性的各种类型的作伪，是体现了作伪的基本属性的作伪形态。由于作伪在本质上具有内在的攻击性，因此，一般性作伪涵盖了作伪的所有形式。

假象性作伪的对象不仅是（潜在的）对手和敌人，还可以是自己。有些国家善于制造行为假象来迷惑对手和敌人以掩盖自己的真实意图和战略，使对手和敌人大意、麻痹、轻信和误判，通过假象性作伪来取得战略利益。如果说希特勒在《慕尼黑协定》签订之前是实施假象性作伪的高手的话，那么作为其对手的时任英国首相张伯伦则是希特勒假象性作伪的典型的受害者。

而有些国家沉迷于用假象性作伪来进行自我欺骗，拒绝睁开眼睛直面事实，最后沦为自己的作伪的受害者。

九、从专业性上划分

从专业性上划分，作伪可分为宣传性作伪和专业性作伪。

宣传性作伪是指通过大众媒体进行的旨在误导公众舆论的

作伪宣传。宣传性作伪是针对一般性事件以社会公众为对象的作伪行为，并不包含太多专业性或者不以专业性为重点和特征的作伪。作为发起国发起的绝大多数的作伪攻击都属于宣传性作伪。宣传性作伪的受众面积大，门槛较低，较易于在社会上扰乱视听，起到误导和欺骗的羊群效应。

专业性作伪是指针对特定对象或者专业人员而在某一领域进行的专业性的作伪欺骗。专业性作伪是利用作伪发起国的专业知识和技能发起的对作伪目标国家而进行的作伪行为，是一种更具专业性和技术含量的针对特定人群的作伪欺骗。专业性作伪虽然受众面较小，门槛更高，所针对的却是掌握着权力和专业知识的精英集团，更能起到事半功倍的杠杆效能。由于作伪的对象首先是专业人士，因此，对专业性作伪的使用要更加谨慎，只有在特定的条件之下才能有效地使用。美国和其控制之下的国际货币基金（IMF）和世界银行（The World Bank）针对一些亚洲、拉丁美洲和东欧国家进行的“休克疗法”（Shock Therapy）的经济改革就是一种典型的专业性作伪。在冷战结束之后，美国针对俄罗斯进行的“休克疗法”曾对俄罗斯经济造成了巨大的破坏，使俄罗斯被掠夺了大量的财富和资产。关于针对俄罗斯的“休克疗法”，可见后文第三章的相关部分。

十、从对象上划分

从对象上看，作伪可分为两种：外向性作伪和内向性作伪。

外向性的作伪，即针对其他国家的作伪，就是一个国家在与其他国家处理关系时所做出的作伪，是一种外向性的具有攻击性的作伪行为。外向性的作伪既包括掩盖性作伪，也包括造假性作伪，而以后者为典型的作伪方式。本书所探讨的是国际关系中的作伪行为，因此，主要针对的就是这种外向性的作伪。

内向性的作伪，即针对自己国民的作伪，是指出于某种政治目的而针对自己的国民而进行的系统的作伪。虽然也包含造假性作伪，但以掩盖性作伪为主要形态。

事实上，许多作伪都具有外向性和内向性的双重性，即在对作伪的目标国家进行作伪攻击的同时也会美化作伪发起国自己，争取做到外向的攻击性和内向的欺骗性的结合。以美国为首的西方国家打着自由、民主和人权等旗号对一些国家所进行的作伪攻击就是如此。

由于本书是以作为国际政治行为的作伪为主题，因此，对于内向性的作伪不会进行深入的分析。

十一、从复杂性上划分

作伪的种类繁多，但是在复杂性上存在着差别。从其复杂性上看，作伪可分为两种：简单性作伪和系统性作伪。

简单性作伪是指针对个别事件和人物所做出的一次性的作伪。简单性作伪就是一般性的谎言，是作伪的所有形态中数量最多、最常见和技术含量最低的作伪，又可表现为一次性作伪和单项作伪等形态。每天的各种传媒中，如报纸、电视、互联网等，其传播的信息中充斥着大量简单性作伪。简单性作伪在战争状态下被经常性地广泛使用，用以迷惑和误导敌人，使敌人对战情做出错误的判断。从假情报到假的武器摆放和部署，战场上的对手无不创造性地使用简单性作伪来达到自己的战术目的。

系统性作伪就是经过长期准备、筹划、设计和实施的、具有深刻目的性的作伪。系统性作伪可表现为战略性作伪、长效作伪、引发性作伪和综合性作伪等形态。

虽然在构成上相对简单直接，但是简单性作伪在特定的节点和环境下却可以产生严重的后果，成为直接引发一系列结构性后果的引爆器和催化剂，即成为引发性作伪、战略性作伪和长效作伪。

十二、从效果上划分

从产生的效果上看，作伪可分为两种：有效作伪和无效作伪。

有效作伪是指能够达到部分或全部的设定目标的作伪，是产生了部分和全部有效效果的作伪行为。从效果上看，作伪可以从主观和客观即从作伪的发起者角度和作伪的目标国家和受害国的角度来看。从作伪发起国的角度来看，作伪本身并不是目的，作伪往往是一个国家先放出的试探气球，是国家进行更多的决策和采取进一步行动的先声。作为进一步决策和行为的前奏，有效性是作伪基本要求和保障。国家从对手对于作伪的反应和应对措施上可以判断出这个作为敌手或者对手的国家的意图、能力、决心和意志。从作伪的目标国家和受害国的角度来看，有效作伪也可以是未被或者未被及时去伪的作伪。由于去伪的不力，作伪能够造成预定的伤害和破坏，部分或全部地达到设定的目标。

无效作伪是指没有达到设定的目标的作伪，是不具有或者没有取得有效性的作伪。虽然每个作伪都是经过精心设计的谎言骗局和圈套，但是并不是每个作伪都能够达到预定的目标。作伪的无效性来自作伪涉及和实施的失败，而主要来自作伪对象国家的有利的应对和反击措施，即去伪（deforge, deforgery）〔1〕措施。如果目标国家能够识破作伪，并采取有效的措施加以去伪，那么精心设计的作伪便无法达到预定的效果，变成了无效作伪。

有效作伪或者作伪的有效性是可以被放大和升级的，也就是说，作伪的效果可能超出预定的目标而起到意想不到的杀伤效果。例如，战术性作伪同样可以起到重要的作用，可以完成或超额完成其既定的战术目标，甚至会发挥到战略性作伪的功能。

而无效作伪或者作伪的无效性同样是不分种类的。不管经过多么精心的策划和有力的实施，战略性作伪也可能是无效作伪，无法完成既定的战略目标，甚至起不到战术性作伪的效果，直至成为没有起到效果的无效作伪。

第九节　作伪与网络恐怖主义

除了成为某些国家发动各种规模的侵略战争的有机组成部分之外，在互联网时代，作伪也是新型的恐怖主义即网络恐怖主义的不可或缺的构件，并且在许多情况下，作伪本身就是一种网络恐怖主义。也就是说，在某些国家手中，网络不仅是进行对特定的目标国家进行国际政治的一种国家行为，还可以是

〔1〕　参见张珂：《唯实主义》，人民出版社 2020 年版，第 105 页。

网络恐怖主义本身。事实上，在某些情况下，作为国际政治攻击行为的作伪与作为网络恐怖主义的作伪之间只有一线之隔。作为网络恐怖主义的作伪也可被视为作伪的一种形态。

关于作伪与网络恐怖主义的进一步解析，可见后文“作伪是网络恐怖主义的一种形式”部分。

第十节　作伪的限度

唯实主义认为，作为站在事实性的对立面和反面的作伪，其本质和局限性已经被事实性的内在决定性所决定了。作伪是有限度的，是有局限性的，而不是为所欲为的，更不是万能的。

关于作伪的限度可见下文第八章的相关部分。

第三章

作伪与历史上的国家行为[1]

作伪并不是人类进入信息时代之后才出现的现象。在前信息时代，作伪就是国家行为方式的一种，并且曾经对人类历史的运行产生过深远的冲击和影响。

第一节　信息不对称性下的前信息社会

在互联网时代之前的各个时代都可以被称为前信息时代。在前信息时代的各个时期，信息不对称性是社会信息传播最重要的特征之一。如果将前信息社会划分为前工业社会和工业社会的话，那么前工业社会的信息不对称性明显更加突出。相距地域的遥远，完全依靠人力和畜力的交通工具和因道路的不通畅的缓慢，以口口相传和书信往来为仅有的信息传播方式的不准确性和低效率等，都造成了前信息社会在信息传递方面的极

---

〔1〕　本书中所分析的历史事件侧重于对作伪的解析，故只涉及与作伪直接相关的部分历史事实，而不会对整个历史事件进行全面的介绍和分析。其他各章相同。

度落后。这些自然条件都使信息的不对称性成为无法被避免和克服的状态。因此，在工业革命之前，人类社会获得和传播信息的能力十分低下，信息的时效性很弱，以至于事件与信息之间存在着严重的脱节。这些状况都为作伪创造了巨大的空间和可能性。但是，作伪同样受制于信息不对称性的种种不利条件，致使其效果也相应地打了折扣。

工业革命的到来使蒸汽动力部分地代替了人力和畜力，掀起了一场能源革命。能源革命带来了交通工具方面的巨大变革，蒸汽轮船拉近了各国、各大陆和各大洲之间的距离，也提高了远途信息传递的时效性，这些相对于前工业化时期是巨大的突破。在 19 世纪，第二次工业革命期间发明了电报，这是人类第一次能够跨越时空障碍的即时性的信息传播手段。然而，电报严重依赖电报机和密码，只限于特定的场合和目的，如政府和军队的高层进行秘密的沟通以及高级商务信息传递等，因此无法在公众中普及而获得广泛的应用。在 19 世纪后期和 20 世纪上半期，公众获得信息的来源主要是报纸、杂志和广播等印刷载体和大众媒体，这些印刷载体和媒体的时效性虽然较之前的时期有了极大的改进，但仍然无法与事件的发生和进展取得全面的同步，行为与认知相脱节的问题只是得到了局部性的改进。

由于这些障碍和弊端的存在，信息不对称性在前信息社会是十分突出的现象。这为作伪创造了条件。事实上，发生在前工业化时期的作伪对人类历史的进程留下了深刻的印记。由作伪而引发的十字军运动便是其中之一。

第二节　历史中的作伪与战争

在人类历史上，作伪曾经造成过巨大的破坏，给人类带来过深重的苦难，成为多个包括大规模战争在内的历史重大事件的先导。对于作伪的历史作用，需要我们进行深刻的反思。虽然作伪曾经以各种方式对人类行为造成了干扰，但是作伪对人类历史所造成的重大的破坏和灾难是通过引发大规模的战争来实现的。在世界历史上有无数由于作伪而引发的重大历史事件和大规模的战争，在此仅举几个例子进行唯实解析。

一、十字军运动的作伪〔1〕

在欧洲中世纪的历史中，作伪对基督教文明和伊斯兰教文明造成了长期而深刻的巨大冲击。这种宗教间的巨大冲击不仅是在信仰和理念上的对抗和博弈，更是通过战争这种极端的方式来持续而系统性地展开的。而十字军运动对这些对抗、博弈和战争起到了重要而关键的作用，历时数百年的欧洲基督教对来自中东的伊斯兰教的十字军运动是由一次教皇的作伪而引发的。

（一）教皇乌尔班二世的布道

1095 年 11 月，罗马教皇乌尔班二世（Urban Ⅱ）在法国南

---

〔1〕　此处选择十字军运动作为案例分析的原因在于这个事件充分体现了这个由作伪而引发的一系列历史事件对于历史、宗教和文化所造成的全方位的冲击和影响。十字军运动不仅对于欧洲和中近东在几个世纪中的现实政治和国际关系产生了巨大的冲击，是贯穿于欧洲中世纪中后期的一条重要的历史线索，而且对于基督教和伊斯兰教之间的宗教、经济和文化关系产生了深刻而持久的影响，而十字军运动留下的政治、宗教、经济、文化和意识形态影响至今仍然存在。

部小城克莱蒙（Clement）进行了一次改变欧洲历史的布道。在布道中，乌尔班二世声称，圣城耶路撒冷的基督徒因异教徒穆斯林的入侵而陷入了苦难之中，这些异教徒对基督徒施以酷刑并进行了难以名状的亵渎。乌尔班二世将穆斯林描绘成衣冠禽兽，在其“刀剑、劫掠和焚烧”之下沦为“奴隶”；基督徒被迫施行割礼，或遭缓慢的剖腹之刑，或被活活烧死作为祭品献给异教徒的神；“关于对妇女的侵犯，鉴于它是如此骇人听闻，还是保持缄默为好。”乌尔班二世的布道使在场的人无不异常震惊，以至于有些人呆若木鸡，有些人当场号啕大哭。当他的布道文本传到法国和西欧其他教区之后，同样的震惊和愤怒在整个西欧掀起了巨大的震撼。法国等地的贵族于是提议要组建军队去东方将圣城从异教徒手中解救出来，这个提议很快得到了日耳曼地区和意大利地区的贵族和基督徒的响应。经过准备，1097 年上半年，第一支十字军军队开拔，开启了长达数百年的对伊斯兰教和异教徒的军事讨伐。〔1〕

但是，其他地区的基督徒对此并不了解。与近东地区相邻的拜占庭帝国虽然与奥斯曼帝国处于领土争端之中，但也并不知道乌尔班二世所描述的伊斯兰教徒针对基督教徒存在大规模的宗教迫害和屠杀事件。与奥斯曼帝国毗邻并且处于战争状态的拜占庭帝国的态度尤其重要。除了帝国之间的地缘政治和领土之争之外，拜占庭帝国向罗马教廷需求军事援助的原因确实有共同抵御伊斯兰教向西扩张的目的，但在与罗马教廷的多

---

〔1〕 参见 Asbridge, Thomas, *The Crusades: The War for the Holy Land*, Rogers, Coleridge & White Ltd., 2012，pp. 30–49；Madden, Thomas F., The Concise History of the Crusades, third edition, Roman & Littlefield, 2014, pp. 20–21。

次访问和信件之中并没有将宗教迫害和屠杀列为援助的理由。而从后来逐渐披露的历史资料可以看出，伊斯兰教当时在耶路撒冷并没有针对基督教徒的大规模或者系统性的亵渎、掠夺和屠杀的政策和行为。“近东的穆斯林统治者也无意实施类似种族清洗的行为，或持续而广泛地压迫宗教上的少数族群。或许基督徒与穆斯林邻居间时有失和，或许在黎凡特也存在突出的宗教迫害，但实际上，它们与那个时代的地方性政治、军事、社会冲突没什么不同。”〔1〕相反，保持一定的宗教宽容一直是伊斯兰教的政策，这是促使阿拉伯帝国和奥斯曼帝国能够迅速在亚洲、北非和欧洲地区普及伊斯兰教的重要原因。〔2〕近几年被发现和破译的一些阿拉伯文献进一步证明了这些历史事实。〔3〕

由此可见，教皇乌尔班二世显然是在光天化日之下进行了一次赤裸裸的作伪。教皇乌尔班二世达到了甚至远远超出了他

---

〔1〕 参见 Asbridge, Thomas, *The Crusades: The War for the Holy Land,* Rogers, Coleridge & White Ltd., 2012，p. 28。这本书汇集了西方学术界的最新研究成果，是关于十字军运动的最新权威力作之一，英国广播公司（BBC）以该书为蓝本摄制了一套纪录片。

〔2〕 在向西方征服的过程中，穆斯林并不强迫和要求信仰其他宗教的教徒，例如基督教徒和犹太教徒，彻底臣服并立即皈依伊斯兰教，而是允许他们在缴纳人头税的前提下保留自己的信仰。参见 Asbridge, Thomas, *The Crusades: The War for the Holy Land*, Rogers, Coleridge & White Ltd., 2012，p. 18。

〔3〕 例如，在 1092 年，即第一次十字军运动爆发的前几年，前往耶路撒冷去朝拜的西班牙基督徒的记载将耶路撒冷描写为“对穆斯林、基督徒、犹太教来说一样繁荣的宗教中心”，并且“基督徒的教堂得到了妥善的维护，也没有任何迹象表明朝圣者（无论是希腊人还是拉丁人）遭受了虐待或干涉”。参见 Asbridge, Thomas, *The Crusades: The War for the Holy Land*, Rogers, Coleridge & White Ltd., 2012，p. 27。

最初对这次作伪的效果的期待，掀起了一场持续几个世纪之久的欧洲基督教信徒对伊斯兰教和异教徒的讨伐战争[1]，在给中近东人民和欧洲人民带来持续性的巨大灾难的同时，也改变了欧洲的历史进程。可以说，乌尔班二世的这次作伪是在欧洲中世纪持续时间最长、影响最为深远和最为成功的一次作伪行为。

（二）作伪的历史背景和成功的原因解析

教皇乌尔班二世的作伪根植于深厚的基督教背景之中。正是对基督教信徒的心理恐惧和脱贫的渴望加以充分的放大和利用，才使其作伪取得了成功。

1. 第一次十字军运动前后的历史背景

第一次十字军运动既有宗教因素，也有社会和经济因素。虽然第一次十字军运动的宗教热情很高，但现实的社会经济因素也许是更重要的动因。

（1）基督教的时代背景。

第一次十字军运动产生的时代背景是西欧刚刚进入第二个两千年的初期。根据基督教信仰，救世主会在一千年之后重新降临人间，对人类进行最好的审判，并完成对人类的拯救。因此，基督徒十分恐惧接受最好的审判，希望在受到审判之前能够洗

〔1〕　对于十字军运动的开始时间在史学上是没有争议的，而关于其结束的时间、规模、对象等要素却存在着不同的看法。概括来看，欧洲史学家现在有两种观点，一种是传统的观点，认为十字军运动是指针对以耶路撒冷为中心的近东（包括现在的巴勒斯坦和叙利亚）被穆斯林占领的地区，在 1291 年基督徒失去 Acre 之后十字军运动便结束了。另一种观点是所谓的修正主义观点，认为十字军运动还包括对当时所有的异教徒的军事讨伐，包括对西班牙和波罗的海地区的非基督信徒的讨伐，在 1291 年之后仍然持续了几百年，贯穿了文艺复兴和宗教改革时期。参见 Madden, Thomas F., *The Concise History of the Crusades*, third edition, Roman & Littlefield, 2014 等书。

清自己所有的罪行,以便能够在死后进入天堂,而不是堕入地狱。当教皇宣布到圣地耶路撒冷进行十字军运动能够免除罪恶时，自然就激发了基督徒的热情。

（2）脱贫的渴望。

11 世纪末期的西欧仍然没有从西罗马覆灭而造成的经济毁灭中恢复过来，仍然处于自给自足的庄园制的封建主义农业经济之中，民众的生活普遍处于十分贫困的状态。而当时的中近东的经济则要发达的多，农业、手工业和贸易等都要大幅领先于西欧国家，民众也要富裕得多。因此，西欧的基督徒去这样的富裕地区作战的一个潜在的动因也是借此能够带回财富和金钱，以摆脱贫困。而对于绝大多数的下层基督徒来说，经济上获益的可能性对其的影响或许更大于宗教因素。

（3）游牧部族的攻击性。

将罗马帝国推翻的是西哥特等日耳曼人，其实除了西哥特人之外，对罗马帝国造成持续性的骚扰和军事打击的还有诸如匈奴人等来自蒙古大草原的游牧民族。而实际上，日耳曼人也是从欧亚大草原西迁过去的游牧部族，他们西迁欧洲之后的行为方式虽然有所改变，但仍然保留了游牧部族的基本的行为方式，仍然保留了通过战争来掠夺生活资料，即以暴力作为主要的谋生手段的传统。在征服了罗马帝国之后，一部分取而代之的“野蛮人”虽然建立起了采邑封建制和皈依了基督教，但仍然在欧洲大地上以传统的手段生存着，在漫长的中世纪并没有取得显著的文明进步。正因如此，教皇乌尔班二世的布道激起了这些具有游牧部族基因的民众血液中的暴力基因和侵略性，而发起向富裕的中近东地区的远征不过是昔日靠暴力抢劫财富的一次重复而已。

2. 作伪成功的原因

这次作伪行为能够成功的原因在于乌尔班二世熟练地驾驭了基督徒的宗教狂热情绪，唤起了他们对温饱和财富的向往和激发了欧洲民众的侵略性的基因，同时，也充分利用了当时由于通讯主要依靠口口相传、西欧和中近东地理距离遥远、信息传递误差大和严重缺乏时效性等时代特点所造成的信息不对称性，使广大的基督徒对其偏听偏信，尽信了他的一面之词。

（三）作伪的类型分析

作为欧洲乃至世界历史上最成功的作伪之一，教皇乌尔班二世关于伊斯兰教的作伪从内容上看是谎言性作伪，是单纯地提供言语对事实进行夸大和扭曲就完成和实现了的作伪；从范围上看是单项作伪，却是时效性极强的有效作伪；虽然它在复杂性上是属于简单性作伪，但却是具有长期时间性的长效作伪和历史性作伪，其作伪效果长达几个世纪，甚至在一千年后的21世纪仍然间接地发挥着影响，它引发的一系列战争和其他后果已经成为欧洲历史不可分割的历史事实；它既是产生了即时效应的战术性作伪，也是改变了西欧绝大多数国家的历史的战略性作伪；它具有掩盖性作伪和篡改性作伪的特征，却在本质上属于最恶劣的造假性作伪；它是十分成功的引发性作伪，一次布道中的作伪便引发了直接的战争行为，而其引发的间接效果不仅限于军事和政治之上，在宗教、文化和哲学多方面都有深远的影响。

（四）去伪及其效果

十字军运动是欧洲历史上一个十分重要的历史事件，无论是对于整个欧洲历史还是对于欧洲各国的国别史都是不可忽略的一部分。这也反映了作伪对于欧洲历史的深远影响和乌尔班二世的作伪所造成的巨大的历史效果。

当十字军运动开始之后，欧洲国家只关注十字军运动战场上的战果和对中近东的财富进行掠夺的成果，而不再去思考和验证乌尔班二世的布道中有多少是谎言和虚假的成分，因此，长期以来在欧洲的公众中和学术界并没有进行去伪的工作，只是到了 20 世纪后期和 21 世纪初期，出于欧美国家应对来自伊斯兰国家的移民和难民的猛增问题和进行反恐战争的宣传需要，西方学术界才配合政界开始对十字军运动的历史事实和观念事实进行一定程度上的梳理和反思，也相应地澄清了一些事实。〔1〕

而在作伪的另一方即中近东的伊斯兰国家方面，对欧洲国家针对它们的兴师动众和大肆炒作的东征却缺乏基本的重视。人们从当时伊斯兰国家的书信、官方文件和舆论记载中了解到，当时的伊斯兰国家将这些来自西方的基督徒只看作是抵抗伊斯兰教扩张道路上的一种不太值得一提的反抗，而直到 17 世纪，伊斯兰国家的史书中才提到此事。

由于西方和伊斯兰教之间的宗教对立仍然在一定程度上存在，关于十字军东征的记忆仍然无法取得主客观的充分交融，这就妨碍了关于这个持续了几个世纪之久的以宗教名义进行的战争的事实性和性质的认定。在某种程度上，由教皇乌尔班二

〔1〕 参见 Madden, Thomas F., *The Concise History of the Crusades,* third edition, Roman & Littlefield, 2014 和 Asbridge, Thomas, *The Crusades: The War for the Holy Land*, Rogers, Coleridge & White Ltd., 2012 等书籍。

世所引发的宗教性的作伪仍然在继续。

二、第二次世界大战

如果说在 11 世纪末教皇乌尔班二世的作伪导致了在欧洲中世纪持续时间最长和影响最为深远的一次战争的话，那么，以作伪为先导并且贯穿其始终的第二次世界大战则是迄今为止人类历史上规模最大、参与国家最多和伤亡人数最多的战争。第二次世界大战是进行作伪表演的“轰轰烈烈”的历史舞台。德国和日本等法西斯国家所发动的每次侵略别国的战争都是以作伪为先导进行的，可以说，作伪的破坏性在第二次世界大战中在广阔的国际舞台上被发挥到了极致。

（一）希特勒善于作伪[1]

希特勒和纳粹党统治下的纳粹德国是个作伪帝国。不仅希特勒本人是作伪高手，希特勒手下也网罗了一批作伪高手如宣传部部长戈培尔等，将纳粹德国塑造成了彻头彻尾的高速运转的作伪的国家机器。掩盖性作伪和假象性作伪是希特勒领导下的纳粹德国的国家行为的不变的主题，尤其是重新武装德国和指导德国对外进行一系列的侵略都是在作伪的掩盖、欺骗和先导之下进行的。纳粹德国作伪的方法就是利用国家机器不断地重复谎言，用戈培尔的话说就是“谎言重复了一千遍便变成了

〔1〕　此处选择纳粹德国和希特勒的作伪行为作为案例分析的原因在于纳粹德国的国家行为典型地体现了作为国家战略和国家行为的重要手段的作伪在前信息时代对于一个国家的崛起和对大规模的国家间战争所起到的全面的引导作用，同时纳粹德国的失败也标志着建立在作伪基础之上的一种欧洲意识形态在国际关系层面的覆灭，这些实例对于深刻认识作伪在国际关系和历史中的功能都具有重要的警示和示范作用。

真理”。这句话揭示了包括假象性作伪在内的作伪的目的和方法，堪称对作伪的经典概括。

1．希特勒作伪的两个阶段

从其作伪的目的性和性质上划分，希特勒的作伪可分为两个阶段，即从1930年代初期到《慕尼黑协定》的签订为第一阶段，希特勒的目的是为正在积极备战但羽翼未丰的纳粹德国进行伪装，故这一阶段的作伪是掩盖性作伪，其目的是要使英法等西方国家相信，德国的目标只是要洗刷《凡尔赛条约》所带来的耻辱，而并没有吞并其他国家领土的打算。希特勒第一阶段的作伪达到了目的，英法两个大国对希特勒奉行了步步退让和自欺欺人的绥靖政策，其高潮是纳粹德国与英国、法国、意大利等国于1938年9月签订了德国吞并捷克斯洛伐克苏台德地区的《慕尼黑协定》。无可否认，以当时的英国首相张伯伦为代表的英法绥靖政策的盛行标志着希特勒以掩盖性作伪为主要作伪方式的第一阶段作伪取得了巨大成功，达到了希特勒瞒天过海大力发展军备和为下一步发动大规模的侵略战争进行全方位准备的战略目的。

希特勒的第二阶段的作伪是在《慕尼黑协定》之后，纳粹德国放弃了掩盖性作伪，开始实施第二阶段的以篡改性作伪为主要形式的作伪。第二阶段的作伪不再是通过掩饰自己的行为和目的来迷惑对手，而是针对欧洲所有国家进行赤裸裸的攻击性宣传，直接为侵略这些国家找借口和铺路。历史事实显示，希特勒发动重要的侵略战争行动都是在一系列常规性作伪为先导而策划和实施的。在希特勒第二阶段的所有作伪中，针对苏联的巴巴罗萨计划是最典型和具有代表性的篡改性作伪。

2．《巴巴罗萨计划》的作伪

历史资料显示，在希特勒亲自参与制订的巴巴罗萨计划中，希特勒阐明了侵略苏联的意识形态根据、政治意图和战略目的。巴巴罗萨计划的意识形态基础是针对斯拉夫民族的种族主义逻辑，这种种族主义逻辑是希特勒侵略苏联的意识形态根基。希特勒认为斯拉夫民族是充斥着犹太人和草原游牧民族的劣等民族，这些劣等民族占据了大片的土地和资源，压缩了日耳曼人的生存空间，因此，种族纯粹和优越的日耳曼人有权去征服、屠杀这些低等种族，有权去掠夺他们，夺回应该属于日耳曼人的土地和资源。根据这个种族主义逻辑，希特勒认定由犹太人担任的苏联政委、军官和指挥系统根本没有足够的智慧和技能来与日耳曼人的将军和军官进行较量，由劣等民族组成的苏联军队根本没有足够的意志和战斗力来阻挡由日耳曼人组成的纳粹军队的进攻，因此，纳粹军队击溃苏联军队是必然的，纳粹德国对苏联的彻底征服也是必然的。同样根据这个种族主义逻辑，希特勒要求纳粹军队对苏联军队进行残酷的打击，对被俘的苏军不给予《日内瓦公约》规定的战俘待遇，对犹太人和苏联百姓可以进行任意的掠夺和屠杀，等等。〔1〕

3．巴巴罗萨计划的历史背景

巴巴罗萨计划的制订经过了长期的酝酿才确定的，是在1941年6月实施的。在1941年中，希特勒已经侵占和巩固了西欧和北欧的国家，已经拥有和整合了西欧、中欧和东南欧的

〔1〕　参见 Cross, Robin, *The Battle of Kursk: Operation Citadel 1943*, Penguin Books, 2002，pp. 57-62。

绝大部分战略资源。希特勒曾想利用这些战略资源优势率先征服英国，将整个西欧纳入纳粹的统治之下。但是，由于德国空军的能力不足和各种战术失误以及丘吉尔领导下的英国的坚决抵抗，希特勒征服英国的“海狮计划”失败了。希特勒于是调整战略，调转枪口，开始实施针对苏联的巴巴罗萨计划，妄图出其不意，以大规模的闪电战一举征服苏联。

4．希特勒作伪的类型分析

十分精于作伪之道的希特勒在作伪的第一阶段和第二阶段采取了不同的作伪方式。

（1）第一阶段的作伪类型分析。

希特勒第一阶段的作伪是谎言性作伪和假象性作伪的结合体。希特勒多次在与英国和法国首相们的会谈中表明自己的目标仅是洗刷以《凡尔赛条约》为基础的凡尔赛体系对德国所造成的压迫、屈辱和掠夺，而不存在领土野心。通过对这种谎言性作伪的不断重复实施，以英国为代表的西方列强相信了希特勒的作伪，对其实行了绥靖主义政策，促使希特勒一步步地完成了纳粹德国的战略布局，为发动第二次世界大战打下了坚守的基础。

（2）巴巴罗萨计划作伪的类型分析。

巴巴罗萨计划是个包含多种作伪的作伪综合体。不论是在巴巴罗萨计划实施之前对事实的判断，还是在计划实施过程中，这个计划都具有明显的非事实性。

① 苏德战争的历史事实。

唯实主义认为，回击作伪的最有效和最有力的方法就是事实。而关于优秀的纳粹德国的军队和由劣等民族组成的苏联军队的事实却是这样的：经过几年的真刀真枪的战场较量，苏联用不容置疑的事实证明了希特勒的作伪都是自娱自乐和自我欺骗。虽然在苏德战争的初期，希特勒的闪电战取得了不错的战果，但并没有对苏联军队造成伤筋动骨的打击。苏联军队在挺过了最初的失利之后迅速重整旗鼓，进入全面的应战状态。在随后的战争阶段，苏联军队体现出了相对于纳粹军队的巨大优势。这些优势主要体现在：首先，苏联军队的整个指挥系统完胜纳粹军队的指挥系统。纳粹德国军队虽然有个别优秀的将军，如古德里安、隆美尔、曼斯坦因等，但是将军之间是分裂的，始终处于单打独斗的状态，而最高统帅希特勒与几乎所有的将军之间都存在着互不信任甚至敌对的关系，这使得纳粹军队的整个指挥系统处于低效运行甚至互相拆台的状态之下。相比之下，苏联军队出现了一批以朱可夫将军为代表的出色的将军集群，这些将军集群能够相互协调和支援，不计较个人利益和得失，尤其是与苏联最高统帅斯大林之间都有相互信任的关系。斯大林用人唯能，知人善任，能够充分听取和采纳这些将军的意见，而从不固执任性，唯我独尊。[1]其次，苏联士兵的个人战斗技能、经验，尤其是意志力并不比纳粹单兵要差，甚至要更强，以至于在短兵相接时，苏联士兵基本上会占据优势，尤其是在战争的后期。再次，苏联从遭受巴巴罗萨计划攻击开始便将军工生产体系东迁至乌拉尔地区和远东地区，并没有遭到纳粹军队的打击，随着这些军工体系转入满负荷运行，苏联强大的工

---

〔1〕　参见 Cross, Robin, *The Battle of Kursk: Operation Citadel 1943*, Penguin Books, 2002，pp. 27-40。

业体系的优势便表现了出来。反观纳粹德国，虽然占领了欧洲的大部分国家，掠夺了大量资源，但是在反法西斯同盟国家的空军打击和地面打击之下，工业生产能力无法弥补战争的损失和消耗，以至于在后勤补给上无法与受到美国等盟友援助的苏军相抗衡。

这些优势与苏联的其他战略性优势相结合，使苏联军队成为必然赢得战争的一方，而不是充满了种族主义优越感的希特勒和纳粹军队。终于，苏联军队在斯大林格勒战役大败德军，宣告了巴巴罗萨计划的彻底破产。从此，苏联军队开始了战略反攻，直接打到了希特勒的“老巢”柏林，而制造种族主义作伪的希特勒和戈培尔在苏军的炮火下以自杀了结了生命。

② 巴巴罗萨计划的作伪类型。

从类型上看，巴巴罗萨计划的作伪在内容上属于篡改性作伪，在范围上属于综合性作伪，在语言和文字上对苏联所进行的种族主义的污蔑性谎言覆盖了苏联国家、民族和社会的几乎所有层面；它既是充斥着具体的污蔑和贬低的战术性作伪，也是着眼于对苏联进行种族灭绝目的的战略性作伪；它是针对苏联和斯拉夫等民族的充满污蔑和侮辱性的外向性作伪，同时也是针对日耳曼民族的自我欺骗的内向性作伪；它是针对苏联和斯拉夫等民族的篡改性作伪，也是针对德国民众的造假性作伪；它虽然在当时对于德国民众和纳粹军队产生了强烈的影响，起到了战争宣传和鼓动的作用，但由于侵苏战争的迅速失败，便属于只有短期时效性的无效作伪。

5．对巴巴罗萨计划的去伪

随着巴巴罗萨计划的破产和苏德战争以苏联为胜利方的结

果的出现，希特勒的庞大的作伪计划被苏联军队的行为事实彻底地去伪了，这使巴巴罗萨计划的作伪彻底变成了完全的无效作伪。苏联进行去伪的方式是通过建立起不容置疑的行为事实和历史事实而做到的，也就是说，通过不容置疑的历史事实的建立击碎了作伪，击碎了错误的观念。唯实主义认为，历史事实的事实性是进行去伪的最有效的方法。而苏联军队针对纳粹军队的胜利有力、充分和彻底地证明了这一点。

希特勒的巴巴罗萨计划将作为种族主义作伪的样品而载入史册，而同样被载入史册的苏联军队用自己的行为事实彻底打破了这个种族主义的作伪，成为用铁一样的事实来进行彻底的去伪的经典案例。

（二）日本针对中国的作伪〔1〕

在近现代史中，相对于中国和中华民族的国家存在和民族存在，日本都是一个持续性的和历史性的巨大威胁，更是历史性作伪的策源地。日本的中国和中华民族的作伪攻击不仅是个历史现象，还是一个具有紧迫性的国际政治现象，具有时间和时代上的跨越性和超越性，与其他历史上的作伪事件相比，具有特殊性。对于这个针对中国和中华民族的历史性的作伪策源

〔1〕　此处选择日本对中国的历史性作伪作为案例分析的原因在于日本对于中国在近现代历史中的历程产生了极其重要的负面冲击，在于日本对于中国的历史性作伪仍在延续，在于日本仍然像在近现代历史中一样以作伪为先导持续性地在干涉中国的内政，也在于日本变本加厉地与美国紧密配合发动旨在遏制中国崛起的新冷战，构成了对中国的现实性的在战略和地缘政治层面上的巨大威胁和严重挑战。无论是从历史的维度还是从当代国际关系的视角上看，日本对中国的各种作伪攻击都是中国不可忽略和忽视的重大主题。在日本对华关系上，作伪的六个规律不仅在历史上严重地伤害了中国和中国人民，如今仍然在发挥着功能。

地，我们必须要有充分的重视，必须保持充分的警惕。

中国从 1931 年的九一八事变开始，直到 1945 年 8 月，在经历了 14 年艰苦卓绝的抗日战争之后，取得了抗日战争的伟大胜利。回看历史，我们发现日本在第二次世界大战中发动的对中国的侵略战争，每一步都是在以各种各样的作伪为先导的情况下进行的。

1．“大东亚共荣圈”的作伪

日本侵略中国是日本军国主义的表现，而日本军国主义的体制和政策是建立在意识形态基础之上的。这个意识形态就是以“大陆政策”为历史基础的“大亚洲主义”和“大东亚共荣圈”。而日本的中国军国主义意识形态则是国家意识形态作伪的典型。

（1）日本意识形态作伪的内容

在 20 世纪初期，日本通过侵略中国在亚洲发动第二次世界大战是建立在冠冕堂皇的“逻辑”之上的。日本认为，亚洲国家饱受西方列强的欺凌，受尽了屈辱和苦难，而自身积贫积弱，无力对西方国家发起反抗。在亚洲只有日本有强大的军事实力与西方列强对抗并战而胜之。因此，同为亚洲国家的日本有责任和义务把其他亚洲国家从西方列强的铁蹄下解放出来，与日本共同建立“大东亚共荣圈”和“皇道乐土”。以中国为核心的亚洲国家不仅不应该反抗日本，反而应该对日友好，与日本密切配合，支持日本针对西方列强的解放战争，并且依靠日本实现繁荣昌盛。

日本通过 19 世纪后期开始的明治维新，向西方学习和引进了一些近代工业和军事技术，使其国力得到增强。依靠近代军事力量，日本征服了朝鲜半岛，取得了与清朝进行的甲午战争的胜利，并且在日俄战争中击败了老牌欧洲强国俄罗斯。这些军事胜利冲昏了日本的头脑，认为日本的军队是战无不胜的，开始居高临下地看待其他亚洲国家，形成了要成为亚洲“救世主”的幻觉。日本的这种近代以来就有的“大亚细亚主义”思想是一以贯之的，它在1940年8月被近卫内阁的外务大臣松冈洋右明确地概括为“大东亚共荣圈”。松冈洋右在报告中提出：当前日本的外交方针是，遵照皇道的基本精神，首先必须确立日、满、华一体的“大东亚共荣圈”。〔1〕由此可见，所谓的“大东亚共荣圈”在本质上就是建立起以日本为中心和领导者的，以日本对亚洲国家，尤其是中国、朝鲜、印度等国家的军事征服和殖民奴役为基础的亚洲新秩序。

作为日本军国主义意识形态的“大亚细亚主义”和“大东亚共荣圈”是日本版的亚洲主义和种族主义的结合体，只不过是日本军国主义和法西斯主义为其在中国和亚洲国家进行野蛮侵略和疯狂掠夺而挂起的一块遮羞布而已。

（2）日本对华历史性作伪的历史背景

侵略中国是作为处于太平洋一隅，自然资源贫乏的岛国日本的蓄谋许久的野心和梦想。这个不切实际的野心决定了日本对中国的作伪攻击的性质和类型属于历史性作伪、战略性作伪和综合性作伪。

早在日本国力尚弱的16世纪，在统一了日本之后，丰臣秀吉便提出了攻略朝鲜，进攻北京，占领华北，在东亚大陆建立

---

〔1〕 参见［日］鹤见俊辅：《战争时期日本精神史1931—1945》，邱振瑞译，北京日报出版社2019年版，第48页；王向远：《“笔部队”和侵华战争：对日本侵华文学的研究与批判》，昆仑出版社2015年版，第238页。

以日本为中心的大帝国的“大陆政策”。“大陆政策”的精神被后来的统治者和一部分幕僚所继承，成为其历代侵华图谋的滥觞。自明治维新开始，日本的国力大幅增强，便开始逐步落实大陆政策，对中国领土开始侵略和抢占，不断加以侵略、蚕食和占领。只是由于西方列强的出手制衡才使其不得不有所收敛，在进行侵略行为时更加注重制造作伪，以加强其侵略行为的欺骗性和隐蔽性，而所谓的“大亚细亚主义”和“大东亚共荣圈”就是在这种背景之下出笼的。

1927年7月，在日本首相田中义一向天皇递交的《田中奏折》中，便提出了将“大陆政策”具体化的实施方案，认为“欲征服中国，必先征服满蒙，欲征服世界必先征服中国。倘中国完全可被我国征服，其他如中小亚细亚及印度、南洋等异服之民族，必畏我敬我而降于我，使世界知东亚为我国之东亚”。[1]这才是日本对待中国的真实态度，而“大亚细亚主义”和“大东亚共荣圈”则是为了对外包装和推销这个真实的对华政策的作伪假面具。

（3）“大东亚共荣圈”的作伪类型分析

如果说纳粹德国是打着赤裸裸的种族主义的作伪旗号在欧洲发动了第二次世界大战的话，那么日本则是打着反种族主义的作伪旗号开启了对以中国为主要国家的亚洲各国的侵略战争。相比于希特勒的赤裸裸的作伪，具有相同内容和本质的日本的作伪更多了一层虚伪性和欺骗性。

日本在第二次世界大战中针对中国的作伪在内容上是综合

〔1〕 吴廷缪主编：《日本史》，南开大学出版社1994年版，第657页。

性作伪，涉及其国家政策的方方面面；在层次上是战略性作伪，旨在对中国实现全面的征服、控制和掠夺；在形态上是掩盖性作伪和造假性作伪，它试图掩盖其真实意图而编造成了冠冕堂皇的借口用来误导和欺骗中国和国际舆论。虽然经过日本侵略者多年处心积虑的策划和包装，但终归都无济于事，成为无效作伪，被彻底扫进了历史垃圾堆。

2. 对“大东亚共荣圈”的去伪

历史对“大亚细亚主义”和“大东亚共荣圈”的去伪是十分成功和彻底的，精心策划的日本军国主义的意识形态已经成了历史垃圾。

与苏联军队完全依靠军事上的打击和胜利作为针对希特勒的作伪而进行的去伪反击的唯一形式相比，针对日本侵略中国的作伪则呈现出两面性。中国人民的军事胜利是针对日本所制造的作伪的最有力方式，同时日本军队的行为成为自我去伪的重要方式。

（1）日本军队的暴行

在人类历史上，没有所谓的“解放者”会对“被解放者”进行如此大规模的和系统性的屠杀、虐杀和掠夺。日本军队在中国土地上所进行的惨绝人寰的种种暴行和以南京大屠杀为代表的无数大屠杀事件有力地戳穿了日本右翼势力和政府所做出的一系列作伪谎言，使自我去伪成为去伪的重要方式。也就是说，日本军队在侵略中国期间的种种暴行和大屠杀是日本对自己的种种作伪进行自我去伪的有力武器。

（2）中国人民抗日战争的胜利

历时14年的中国抗日战争（1931—1945年）以中国人民

的伟大胜利而结束。对待妄图以军事手段征服中华民族的日本，最有力的反击就是以军事手段来战胜它们，而中国人民做到了。中国抗日战争的军事胜利也是中国针对日本对中国所炮制的系列性作伪而取得的去伪胜利的最根本的手段和保证。

中国针对日本侵略者的去伪胜利再次证明了以实力支撑的事实和事实性是进行有效和充分去伪的最根本的依据。

3．九一八事变的作伪

在近现代中日关系史上，九一八事变具有里程碑意义。九一八事变具有必然性，是日本长期酝酿的“大陆政策”和“满蒙政策”的落实和具体化，开启了日本使用武力侵略中国的历史进程，打响了侵华战争的第一枪。〔1〕而具有如此重大历史意义的事件是从一个作伪开始的。

1931年9月18日，日本关东军在奉天（沈阳）北郊的柳条湖，炸毁了南满铁路的一段轨道，随后反诬中国军队破坏，进攻东北军驻地北大营和奉天城，发动了蓄谋已久的侵略中国东北地

〔1〕 1946年的远东国际法庭在审判日本战犯时认为1928年6月日本在皇姑屯谋杀张作霖的事件是日本侵华战争的开端。而谋杀张作霖的“皇姑屯事件”也是由日本人精心设计和实施的一次作伪事件。当中华民国海陆军大元帅（实际上的中国国家元首）、奉系军阀首领张作霖从北京返回奉天时，被关东军高级参谋河本大作在南满铁路的三洞桥引爆事先掩埋好的炸药，炸毁了其所乘坐的专列，张作霖身受重伤，于第二天死亡。日本为了掩盖罪行，污称是“南方国民政府的便衣队所为”，试图诬陷南方军阀，进一步挑动中国的内战。直到1946年河本大作被捕，受到远东国际法庭的审判，他才公布了“皇姑屯事件”的整个过程。远东军事法庭认为，日本军队谋杀中国国家元首，违反了国际法，犯下了战争罪，是日本侵略中国的开端。（参见辽宁省档案馆编：《皇姑屯事件档案汇编》，中华书局2020年版。）

区的九一八事变。[1]

从作伪类型上看，九一八事变是一个单项作伪、战术性作伪和造假性作伪，它更是引发性作伪，从一个简单的具体的作伪引发了一系列具有重大战略意义和历史里程碑意义的重大历史事件，改变了中国历史、日本历史和世界历史的进程。

4. 日本针对中国的作伪仍然存在

日本军国主义的意识形态虽然已经成为历史垃圾，但是这些历史垃圾的制造者——日本的右翼势力仍然要使这些垃圾死灰复燃，继续对中国进行一系列的作伪攻击。这些针对中国的作伪攻击表明，作伪规律尤其是作伪的第四规律仍然会被日本引爆，发动对中国的实体性攻击和战争行为。

（1）日本右翼势力与日本国策的作伪

在日本近现代长达几十年的对外侵略战争中，日本的右翼势力起到了关键性作用，尤其是日本对中国的侵略，日本右翼更是扮演了“理论家”、军师和急先锋的角色。他们不仅成立诸多的右翼组织，对反战政客和人士进行暗杀，还著书立说，提出种种侵略方案，策划种种阴谋，其中包括大量的作伪，这些方案、阴谋和作伪许多都被日本政府采纳，转变为侵华的政策和战争行为。“右翼势力，确实是推动所谓‘大东亚战争’恶性发展的主要力量。”[2]而绝大多数的针对中国的作伪也是由日本右翼势力率先提出并被日本政府所采纳和践行的。也

〔1〕　宋志勇、田庆立：《日本近现代对华关系史》，世界知识出版社 2010 年版，第 110—111 页。

〔2〕　王向远：《日本右翼言论批判：“皇国史观”与免罪情结的病理剖析》，昆仑出版社 2005 年版，第 3 页。

就是说，虽然在历史上，日本右翼势力提出的关于中国的作伪是以“学术”和民间舆论的面目出现的，但是，我们发现这些主张基本上都落实为日本军国主义的国家政策和意识形态的组成部分。因此，在很大程度上很难将日本的右翼势力的主张与日本的国策完全区分开。而这种情况同样出现在二战之后。日本右翼势力延续了它们在历史上针对中国的长效作伪和历史性作伪的行为。

二战之后，日本右翼得到了短暂的抑制，但随着冷战的爆发很快便死灰复燃。右翼势力公开拒不承认日本战败，拒不承认日本法西斯对中国人民所犯下的罪行，拒不承认发动了侵略战争，他们把自己打造成了受害者，时时准备推翻“和平宪法”，为二战时期的日本侵略战争和军国主义翻案和招魂。日本右翼势力在今天的日本舆论界、教育界和政界具有强大的影响力，对日本政策的影响仍然强大，除了传统的作伪之外，近来还宣称要从政治和军事方面插手台湾问题，与美国遏制中国崛起的新冷战战略进行密切配合,不仅欲阻止中国的统一大业，还放言要分裂中国〔1〕。

鉴于日本的右翼势力针对中国日益增加的敌意和攻击性以及对日本政府的决策的巨大的影响力。也就是说，起始于丰臣秀吉时代的日本针对中国的作伪传统如今在日本仍然在延续，

〔1〕 日本右翼的代表人物石原慎太郎多次放言说中国是日本的最大威胁，中国最好分裂成为几个小国，日本应尽力促进这一进程。（参见刘小彪：《“唱衰”中国的背后：从威胁论到崩溃论》，中国社会科学出版社2002年版，第163—164）其实，这种分裂中国的梦呓是在日本明治维新时期便出笼的“中国分割论”的死灰复燃。

有死灰复燃，转变为长效作伪甚至历史性作伪的趋势。日本右翼分子不断对中小学历史教科书进行篡改，在淡化和抹去了日本军国主义对中国所进行的包括南京大屠杀在内的大规模屠杀的历史事实的同时，极力美化日本的侵略战争，误导和欺骗下一代。〔1〕

日本首相〔2〕、政府部长和国会议员公开参拜靖国神社。靖国神社里有日本甲级战犯的牌位，更有日本历次对中国进行侵略时战死的侵略者，日本高官公开参拜靖国神社显然是在美化历史，在进行篡改性作伪，其目的是为日本军国主义招魂。

（2）日本针对中国的长效和历史性作伪的热点问题

日本右翼势力针对中国的作伪可谓是层出不穷，可以在关于中国的任何事情和主题上被捏造出来。本书主要解析的是具有突出性和影响广泛深远的长效作伪和历史性作伪。除了教科书和靖国神社问题，日本右翼势力在对华作伪攻击上对日本政府和政策有重大影响的主题还体现在：

钓鱼岛问题。钓鱼岛是中国固有领土，这是证据确凿的历史事实。钓鱼岛是中国固有领土的事实在历史上和国际法上是

---

〔1〕　采用日本右翼分子编纂的历史教科书在中小学校中所占的比例越来越大，这些教科书所美化和篡改的内容不仅包括对日本发动的侵华战争的性质，批判所谓的自虐史观，妄图洗白战争罪行，为侵略战争正面和翻案，混淆侵略者和被侵略者，而且涵盖了日本侵华战争中的所有事件，包括九一八事变、卢沟桥事变、南京大屠杀、“慰安妇”问题等，为日本军国主义侵略战争不遗余力地狡辩而无视日本侵略者所犯下的种种滔天罪行的事实。

〔2〕　1985年8月15日，时任日本首相中曾根康弘首次率内阁成员正式参拜靖国神社，打破了战后日本首相不参拜靖国神社的惯例。在此之后，屡有日本首相相继效仿。

公认的和没有疑议的。但是，日本政府公然拒绝承认这一事实，这是篡改性作伪，是对中国进行非法占领和侵略的继续。

在南京大屠杀问题。以日本右翼势力为主的政治势力不承认曾经制造了骇人听闻的南京大屠杀，妄图玩弄数字游戏，在细节上吹毛求疵以达到否认日本军队 1937 年 12 月在南京屠杀中国军民达 30 万人的事实的目的。这是掩盖性作伪和篡改性作伪。然而，再诡异的狡辩和抵赖在铁一样的历史事实和数据面前都是苍白无力的，都只能是自我去伪。

唱衰中国问题。日本是中国威胁论的提出者，是中国崩溃论的高调提倡者。日本是国际上唱衰和抹黑中国的主角，许多作伪主题都有日本参与其中。这是因拒绝正面看待中国崛起的明显事实而做出的掩盖性作伪的典型。

修改宪法问题。更为严重的是，日本政府处心积虑地欲修改和平宪法，尤其是第九条，妄图重新变成“正常国家”，恢复日本的作战和进攻能力。这是掩盖性作伪、战略性作伪、历史性作伪和引发性作伪。如果日本修宪成功，恢复作战权，对于东亚的地缘政治来说就是个极其危险的举动，对地区和世界的和平、稳定和发展带来巨大的威胁，会改变整个国际政治和国际关系的走向。

（3）日本针对中国的作伪的性质

日本是中国搬不走的邻国，也是对中国的地缘战略构成持续性挑战的现实威胁。日本是在近现代史上对中国进行多次侵略和掠夺造成最大伤害的国家，也是通过屠杀和思想侵略给中华民族带来深重灾难和犯下累累罪恶的国家。而这样的国家不但不思反省，至今仍然在对中国进行全方位的作伪抹黑和攻击。

这是崛起中的中国和中华民族不得不加以特别重视和应对的历史事实和国际政治现象。

历史事实表明，近现代日本对中国进行侵略的目的是要永远地占领中国的土地，永远地征服中国人，是要将中国变成日本的殖民地。而日本对中国的作伪攻击的目标是服从于这个根本的目的的，日本对中国进行作伪攻击是其全面征服和占领中国的有机组成部分，并且日本也是在所有侵略中国的列强中唯一拥有大块殖民地的国家。英国和法国等西方列强虽然也曾在中国拥有租界，但都是以租借形式出现的，都是通过合约获得的有时间限制的小块的短期租借地。这些列强在中国的租借地虽然也有殖民地的性质，却与日本通过战争直接抢夺和霸占了大片的无期限的殖民地，性质上并不相同。这些经历的不同决定了日本与西方国家对中国进行作伪攻击的目的并不相同，其野心更大，也更为险恶和危险。因此，从性质上看，日本以及以美国为首的西方国家对中国的作伪攻击具有共性和重合的地方，但日本则更具历史性和综合性，对中国的历史性作伪攻击的成分是十分突出的。在过去的一百多年里，日本对中国始终在进行作伪攻击，这种状况在中国的邻国中，甚至在国际关系史上都是少见的。

历史威胁导致历史性作伪，历史性作伪导致作伪规律〔1〕在历史维度上的持续爆发。也就是说，日本对中国的历史性作伪始终存在着作伪规律发作的风险。过去日本对中国的屡次侵略是作伪规律发作的结果，而在右翼势力日益抬头的今天，这

〔1〕　作伪规律是本书提出的重要观点之一，详见本书第五章的相关部分。

种可能性和风险仍然是存在的。对于来自东方的这个历史性作伪的发源地和地缘政治的巨大威胁，我们切不可有一刻的松懈和麻痹。

从日本对中国的作伪攻击的主要问题上可以看出，深受日本右翼势力左右的日本政府对于中国的作伪的性质是战略性的、综合性的和历史性的作伪。日本右翼势力对中国的作伪攻击基本上都涉及中国的核心利益，是不能不加以特别警惕和重视的威胁。

随着世界局势的新变化，日本的右翼势力不但表达更加猖狂和放肆，更为严重的是它们的许多主张已经完成了对日本政府的渗透，成为日本的国家政策。国际形势的变化也使得日本政府针对中国的作伪从二战之前的单挑式的作伪攻击，演变成现在的依附美国来实施对中国的作伪攻击。随着中国的强大，日本缺乏独立单挑中国的实力，于是它便依靠以《日美安保条约》为基础的美日同盟关系，将自己绑上了美国的战车，作为美国霸权的马前卒来对抗中国。而在美国遏制中国的背景之下，日本在各方面分享美国的霸权包括作伪霸权，日本政府公然干涉中国内政，对中国的各种作伪攻击变得越来越放肆和猛烈，对中国的国际关系和地缘战略所造成的负面影响和所构成的威胁也会越来越大，构成了对中国的长期性的战略和战术威胁，严重破坏了中国的地缘政治态势、国际和平氛围和经济发展环境。

（4）中国必须积极应对

鉴于此，中国针对日本由右翼势力极力倡导和加以延续的针对中国的作伪行为必须时刻保持高度的警觉，面对这些历史性的作伪攻击，时刻准备对其进行迅速和有效的揭露、批驳、去伪和打击，将去伪的应急机制与长效机制有机地结合起来，在战略和战术层面上进行坚决的反击，容不得半点松动、自我麻痹和想当然，时刻警惕和防范作伪规律的再次发作。否则，针对日本的去伪反击的不力不仅会损害中国的国家利益，还会对中国在东北亚的地缘政治和整体性的国家安全造成巨大的威胁。

第三节　美国针对俄罗斯的“休克疗法”

国际关系中的作伪现象并不仅仅发生在狭义上的国际政治领域，作伪同样发生于国际经济领域之内。而在国际经济领域内的典型的作伪行为则发生在冷战结束之后的俄罗斯经济之上。当时，美国为俄罗斯设计了一个一揽子的经济改革方案——“休克疗法”。

一、“休克疗法”的发生

在苏联解体后，苏联过去实行的公有制的计划经济体系无法正常运作，俄罗斯陷入了严重的经济危机之中。俄罗斯的经济危机表现为通货膨胀十分严重、国家财政赤字高起、企业运行效率低下等，国家长期以来依靠财政投入来刺激企业生产的模式已经失灵，整个国民经济陷入恶性循环之中。

为了摆脱经济危机，以叶利钦为代表的激进改革派决定采取国际货币基金组织的建议，决定在俄罗斯全面实施“休克疗法”（The Shock Therapy）。俄罗斯政府聘请了哈佛大学经济学教授杰弗里·萨克斯[1]为俄罗斯经济改革的总顾问，负责制订和实施“休克疗法”的具体方案。

所谓的“休克疗法”是通过实行十分激进的财政紧缩政策在短期内大幅削减货币发行量来控制通货膨胀，通过在短期内实现彻底的国民经济私有化和全面的经济自由化政策来废除国家对经济运行和企业的所有干预，完成国家经济运行体制的突然而迅速的转轨，并在这个过程中根本性地改变基本的现行的社会基本制度。“休克疗法”的根据是西方的新自由主义经济理论和货币学派经济思想，强调以货币政策为实行宏观经济调节和振兴经济的主要手段。

“休克疗法”于1992年初开始在俄罗斯全面实施。按照“休克疗法”的剧本，俄罗斯在市场经济体制建立之前便废除了原来主导国民经济运行的计划管理部门，没有任何从计划经济体制转向市场经济体制的过渡期；原国有企业的拍卖在没有进行合理的估值的情况下便被转卖给没有经商背景和经验的私人，导致大量企业无法得到开业和重新投产的资金；在国民经济私有化过程中缺乏法律保障，国家经济成为黑帮的游乐场和各种犯罪集中的领域，等等。这些混乱的集中爆发确实造成了休克的效果，但是却远远没有达到经济改革和在短期内重启国民经济的预期效果，反而使俄罗斯经济进一步陷入泥潭，举步维艰，整个经济陷入体系性的混乱之中。可以说，“休克疗法”在俄

〔1〕 萨克斯是美国投机家乔治·索罗斯（George Soros）的雇员，他在索罗斯的授意下设计和实施了波兰的“休克疗法”，后来被索罗斯介绍给了俄罗斯政府。

罗斯彻底的失败了。〔1〕

从俄罗斯对休克疗法的设计和实施中可以看出，整个过程是十分匆忙和草率的，在诸多环节上是明显不符合经济学和社会学常识的，处处犯下各种类型的低级错误，有些地方甚至形同儿戏，缺乏国家治理的严肃性、谨慎性、科学性和对可行性及现实性的尊重。

二、“休克疗法”是个精心策划的作伪事件

从纯粹的经济学理论上看，俄罗斯实施“休克疗法”是一种西方经济学理论在俄罗斯改革和实验的失败。而在更深的层次上，“休克疗法”是西方国家针对俄罗斯实施的一次旨在严重削弱和打击俄罗斯的一次作伪性的国际政治经济的误导和欺骗。

（一）西方媒体对苏联/俄罗斯发起的宣传性作伪欺骗

从20世纪80年代起，以美国中央情报局（CIA）为主体的美国政府就开始策划和实施对苏联和苏联人民的系列性的作伪欺骗，其目的是从内部动摇苏联的行政/官僚体制、经济管理体制，甚至推翻苏联政府，并且系统地掠夺其战略资源。到了20世纪90年代初期，这些目标全部得到了落实。

在这个时期，苏联经济陷入停滞，虽然当时的苏联领导人戈尔巴乔夫开始进行经济改革和体制改革，但是效果甚微，苏联老百姓的生活没有得到任何改善。1987年，戈尔巴乔夫宣布

〔1〕 参见娄芳:《俄罗斯经济改革透视: 从“休克疗法”到“国家发展战略”》，上海财经大学出版社2000年版。

允许苏联公民拥有美元，这使得苏联出现了巨大的美元黑市，而卢布变得几乎一文不值，苏联人民的财产一夜之间几乎被洗劫一空。这时，美国国务院的“自由欧洲电台”和德国的“自由电台”向俄罗斯人灌输了美国资本主义天堂的幻象，让他们觉得任何地方的生活都要比苏联共产主义要好。这显然是作伪宣传和攻击，是一种明目张胆而极其恶劣的欺骗行径。

这些作伪欺骗起到了理想的效果。受到这些旨在欺骗的宣传性作伪的影响，当时的苏联民众迫不及待地要摆脱苏联体制，投入西方优越的政治经济模式的怀抱，对于以美国为首的西方国家以“休克疗法”掩盖下的对俄罗斯资产和财富的大规模的掠夺和抢劫行动采取了默默忍受的立场，形成了盲目的羊群效应。

（二）“休克疗法”是个彻头彻尾的作伪骗局

在20世纪90年代，叶利钦执政期间实施的“休克疗法”是美国的哈佛大学的一批经济学家负责设计的，具体是由莫斯科哈佛大学国际发展研究所。杰弗里·萨克斯是这个研究所的负责人，其主要的经济学家有安德烈·施莱费尔和乔纳森·海等人。后来证实，这些经济学家都是美国中央情报局的特工，他们因在俄罗斯实施“休克疗法”违反了美国的国内法律而受到审判，但受到了中央情报局的保护，除了罚款之外并没有受到法律制裁。〔1〕

美国中央情报局利用哈佛大学的品牌和教授的名义设计和实施了俄罗斯的“休克疗法”，实际上号称经济改革的“休克疗法”

---

〔1〕 参见Engdahl, William, *Fake Democracy*, Penguin Books, 2017，p. 54–59。

的每个步骤和每个具体的政策都是由披着哈佛大学经济学家的美国特工设计的，甚至当时的俄罗斯总统叶利钦颁发的许多总统命令都是由这些美国的“经济学家”直接起草的。[1]“哈佛大学这块牌子，使中情局的资金链有了中立的学术研究的信誉，也可掩盖中情局的色彩。”[2]这是深入了俄罗斯国家骨髓中的作伪欺骗。这些作伪欺骗使美国实现了其战略目标，使俄罗斯的经济遭受了长达十年的巨大的经济损失和战略破坏。

（三）“休克疗法”的经济学专业性作伪本质

概括来看，“休克疗法”的最初设计者是美国芝加哥学派的经济学家米尔顿·弗里德曼（Milton Friedman），他认为高通胀的根源在于一个国家的货币发行量过大，而消除高通胀的方法是大幅削减国家的货币发行量。而这种激进的货币政策的实施是需要一定的社会和经济体制即市场经济的基础的。弗里德曼所设计的这套被称为“休克疗法”的经济政策从 20 世纪 50 年代起便具有明确的政治针对性，即要用资本主义的经济模式来压制正在战后的亚非拉地区的发展中国家日益兴起的社会主义和混合经济模式。[3]

在白热化的冷战背景下，弗里德曼等人的货币主义的经济模型被美国中央情报局（CIA）和美国控制下的国际货币基金组织（IMF）包装为“休克疗法”，成为在发展中国家抵御社会主义的经济模式和政治影响的秘方。这个秘方在 20 世纪 50 年代和 20 世纪 60 年代曾在多个拉丁美洲，如玻利维亚，和东

---

〔1〕 参见 Engdahl, William, *Fake Democracy*, Penguin Books, 2017，p. 61。

〔2〕 参见 Engdahl, William, *Fake Democracy*, Penguin Books, 2017，p. 57。

〔3〕 Klein, Naomi, *The Shock Doctrine*, Penguin Books, 2007，p. 52.

南亚国家，如印度尼西亚实施，成功地消除了当地的社会主义的经济和政治势力，将其纳入了美国和西方阵营。在20世纪80年代，处于从社会主义计划经济向市场经济转型的波兰也实施了“休克疗法”，并在一定程度上取得了成功。[1]

在苏联解体后，陷入经济危机之中的俄罗斯成为美国中央情报局公开和秘密特工工作的对象，也是针对当时的俄罗斯经济处于调整和转型期而精心策划的专业性作伪的对象。美国中央情报局通过美国财政部、哈佛大学国际货币基金组织等机构向俄罗斯提出了“休克疗法”的建议，并推荐了美国的经济学顾问，并诱使俄罗斯政府高层一步步陷入他们布置的作伪陷阱。急于摆脱经济困境的俄罗斯领导人积极进行配合，落入了美国精心编制的环环相扣的一系列专业性作伪圈套。

三、“休克疗法”的作伪性质

美国和国际货币基金组织对俄罗斯经济所进行的“休克疗法”是典型的旨在破坏俄罗斯经济和掠夺俄罗斯资产和资源的专业性作伪。

之所以说IMF推荐和设计的“休克疗法”对针对俄罗斯的作伪陷阱是因为实施这套完全自由和市场化的经济套餐是需要一定的经济和社会基础设施的支撑的。苏联的经济结构与拉丁美洲、东南亚和东欧国家是完全不同的，其中一个重要的不同在于军工企业、重工业和国有企业在经济结构中占有非常大的比例，而民间的私有制的科技和轻工业所占比例很小且很落后；

---

〔1〕 参见Klein, Naomi, *The Shock Doctrine*, Penguin Books, 2007。

苏联时期在计划经济居于绝对主导的情况下，没有市场机制的存在，更没有与市场经济相配套的财政、信贷和货币制度。而“休克疗法”虽然只是改变了企业的所有制，却斩断了企业的资金来源、市场出口，大大降低了国民的购买力，也就是说，“休克疗法”在俄罗斯只带来了休克，而没有带来疗法。

IMF 和美国经济学家并没有把俄罗斯经济结构的独有的特点和它与其他更小的经济体的不同之处指出来，而促使俄罗斯采取明显不对症的“休克疗法”，这种行为是在故意误导俄罗斯决策层进入他们精心设计的作伪陷阱。这种作伪属于掩盖性作伪，却是非同一般的掩盖性作伪。它来自披着“公正”和“金融专家”外衣的联合国属下的由多国出资组成的作为联合国下属的国际金融机构的国际货币基金组织，并且经过几十年的专业设计和实践，在不同国家都有“成功的”“业绩记录”，是不容易被非专业人士识破的，即使是金融和经济的专业人士也摄于其背景和来头不敢轻易地质疑和否定，因此具有巨大的欺骗性。在人类历史上，从来没有一个大国的经济转型是如俄罗斯般通过这种近乎暴力和强迫的方式从上而下进行的，这在经济学上是个“奇迹”。

而当这个“奇迹”被识破和打破时，偌大的曾经是超级大国的经济基础的俄罗斯经济已经被破坏得千疮百孔了。就连有些美国人都认为俄罗斯的“休克疗法”是“人类历史上最大的罪恶抢劫行动”〔1〕“这是在任何国家、哪怕在战争时期都不

〔1〕 Engdahl, William, *Fake Democracy*, Penguin Books, 2017，p. 32.

曾有过的规模空前的偷窃。”[1]

四、“休克疗法”造成的经济和社会灾难

美国针对俄罗斯所实施的“休克疗法”是一种残酷的专业性作伪攻击，取得了令人震惊的效果，对俄罗斯的经济和社会的各个方面造成了深重的灾难性的后果。专业性作伪攻击对一个大国造成如此的浩劫，在人类历史上是绝无仅有的，其经验是极其惨痛和深刻的。

在“休克疗法”实施的1991—1997年，俄罗斯GDP下降了63%，农业生产下降了63%，经济投资下降了92%；超过7万家工厂破产关闭；1300万人失去了工作，而在苏联时期是不存在失业现象的，仍有工作的人们工资也下降了一半；仅在数年之内，俄罗斯男性的平均寿命下降了六岁，降到了100年前的水平，等等。[2]

这种规模的全面的经济和生活损失以及人民生活水平的剧烈下降的现象只有在一个国家遭受了一场大规模的战争失败之后才会出现。

---

〔1〕 Engdahl, William, *Fake Democracy*, Penguin Books, 2017，p. 62.

〔2〕 参见娄芳:《俄罗斯经济改革透视: 从“休克疗法”到“国家发展战略”》，上海财经大学出版社 2000 年版；Engdahl, William, *Fake Democracy,* Penguin Books, 2017。

第四章

互联网时代的事实性与作伪

在信息时代尤其是互联网时代，事实性的生成和传播发生了巨大的变化。相应地，作为事实性的对抗范畴的作伪在互联网时代也发生了质的变化，成为互联网时代的一个十分重要的国际政治行为。在互联网时代，许多作伪事件成为国际关系中的热点和大国博弈的焦点。

作伪现象的升级表明，虽然信息时代的到来对于人类是个划时代的变化，它改变了人们获取信息的方式，也改变了人类的思维方式和行为方式，而这种划时代的变化对于作伪同样起到了巨大的促进作用。

第一节　信息时代〔1〕

由于通信技术获得了突破性的进展，人类在20世纪后半期

〔1〕 信息时代这个词最早出现在20世纪70年代美国未来学家托夫勒（Alvin Toffler）的书籍《未来的冲击》（*The Future Shock*）和《第三次浪潮》（*The Third Wave*）之中。这个概念被赋予现实意义是在20世纪90年代，当时人类刚刚跨入互联网时代的门槛。两者的结合并不是巧合。

进入了信息爆炸的信息社会。人类信息社会的发展突飞猛进，日新月异，具有时不待我的紧迫性，而信息技术的不断的突破性发展给人类带来的信息获取方式、思维方式和行为方式的变化和变革也是层出不穷，令人目不暇接。这些巨大的变化和变革同样体现在人类获取事实和作伪的方式之上。

一、信息时代的阶段

从世界范围来看，信息时代（the Information Age）开始于第二次世界大战之后。中国进入信息时代虽然较西方晚了约20年，却能够迎头赶上，在20世纪初期已经成为信息时代技术开发的领导者和信息技术应用的最大市场。信息时代可分为互联网时期和大数据时期。

（一）前信息时代：电视时期

电视相较于报纸和杂志有许多优点，可以说电视时期的到来对于信息社会的形成具有重要的意义。电视使人们可以在事件刚刚发生和发生的同时便获得关于事件的新闻和信息，部分地实现了事件与信息的同步，时效性取得了质的进步。

在20世纪50年代，以美国为首的西方国家率先进入了电视时期，中国从20世纪70年代末开始也进入了电视时期。电视的普及使电视成为当时民众获得信息最快和最有权威的公共渠道，这一时期所传递的信息是以自上而下的新闻形式在社会传播开的，而这种新闻获取和信息传递方式成为人们的日常常态。

信息时代并不是凭空到来的。在信息的获得层面、社会对信息的接受层面和信息处理的技术层面上，作为前信息时代的电视时期是人类进入信息时代的台阶和准备，是向信息时代过渡的一个必要的阶段。

（二）互联网时代

互联网时代是建立在电子计算机和互联网的基础之上的。也就是说，电子计算机和互联网是互联网时代的两个支柱。

1. 电子计算机的发明

第一台电子计算机（computer）早在20世纪40年代就被发明了，最初是用于服务军事目的的技术工作。虽然第一台电子计算机十分庞大笨重，计算能力也不尽如人意，但是，它开启了一种全新的计算方式。

简单来说，电子计算机的工作原理是将各种信息压缩成0和1这两个基本数码，并通过程序控制进行自动计算、随机处理和智能推断，这种计算方式使它成为计算历史上的里程碑和具有革命性意义的发明。[1]

随着电子技术和信息处理技术的发展，电子计算机被发明之后不断被改进和优化。在互联网发明之后开始在社会层面普及，成为互联网时代不可或缺的必要条件。

2. 互联网的发明

互联网的前身是在20世纪60年代后期出现的阿帕网。阿帕网是用于军事通信的网络，是一个封闭的系统，严格意义上只有军职人员才能使用。商业意义上的互联网（Internet）是由英国科学家蒂姆·博纳斯－李（Tim Berners-Lee）于1989年发明的。在1991年博纳斯－李与美国的另一位科学家首次完成了

〔1〕　参见洪鼎芝：《信息时代：正在变革的世界》，世界知识出版社2015年版，第10页。

跨洋数码通讯，这标志着互联网第一次被成功地投入了实际应用，也标志着人类历史进入了互联网时代。人们开始常规性地使用电子邮件（e-mail）进行通信。

互联网的发明和紧接而来的迅速地大众化普及将人类真正带入了信息时代。互联网将人类带入了互联网时代。互联网的发明使电子计算机得以迅速普及，意味着人类进入了数字社会和虚拟空间。互联网时代给社会的每个行为体带来了移动电话、台面电脑和个人电脑终端等这些标志性的电子产品。通过这些电子产品，每个人都可以进入虚拟空间，在此可以进行即时的信息交流和分享，而不再受到时空的限制。

随着电讯技术的突飞猛进，4G 和 5G 在 21 世纪初期被发明和迅速地推广和普及了，移动电话进入了智能手机阶段，信息传播的速度再次加快。这些都使事件与信息的获得与对事件的认知真正取得了时效性、共时性和同步性。

（三）云计算和大数据时期

云计算成为 IT 的主流技术，用于越来越多和越来越复杂的数据和计算量，被视为“革命性的计算模型”，它实现了超级计算能力在互联网上的自由流通。在云计算时期，单机已经完全融入了体系，单机可以在体系中自由转换和自主调整，而不会影响“云”自身的功能运行和升级。云计算是大数据（Big Data）的 IT 基础和技术支撑，而大数据是云计算的一个超级应用方式。

大数据是在云计算技术和公众对互联网的应用达到充分普及之后而进入的一个互联网时代的新阶段。互联网的充分普及是云计算能够使海量的数据和信息形成大数据的应用模式的前提。而这些海量数据的收集、分析、处理、计算和储存能力的正是建立在具有超强计算能力的超级计算机和云计算之上的。云计算和大数据能够在虚拟世界里模拟现实世界里的思维和需求构成，从而预测人们的行为方式。

云计算和大数据改变了人们对于数据的看法和使用方法，从而进一步改变了人们的思维方式和行为方式。而这些改变为作伪提供了进一步的技术支撑。

二、互联网时代对事实性所带来的巨变

互联网社会的出现和成熟对于人类来说是个具有历史意义的划时代的事件。互联网时代给人们获取、保存和传播信息的方式带来了巨变，而这种革命性的变化自然包括对事实性所带来的巨变。

（一）信息爆炸

信息时代最突出的现象就是信息量的爆炸式增长，人们称之为“信息爆炸”。信息爆炸有两个层面的意思：一是信息的绝对数量的爆炸。在信息时代，各种行为、观点和事件都可以形成在互联网上成为信息并加以流传，导致了信息生成的绝对数量爆炸性地增加，其信息量是信息时代之前所无法想象的。二是人们可以获得的信息量的爆炸。在信息时代，人人都可以通过智能手机和电脑终端在互联网上迅速获得前所未有的大量的信息，每个人的智能手机和电子计算机都随身携带一个超级图书馆，其信息容量比任何一部百科全书都要丰富无数倍，这标志着信息的可获得性出现了爆炸式的增长。有学者认为，“过去三十年生产的信息相当于之前5000年的信息总量。”而“《纽

约时报》周末版包含的信息，就比18世纪接受过良好教育的人毕生所学的知识还多。”[1]

除了信息量空前的爆炸式的增加之外，在许多方面，信息社会改变了人类的认知方式、思维方式和行为方式，同时也为事实性的获得和作伪带来了新的机遇和可能性。

（二）信息的记录方式发生了深刻的变化

在互联网时代，信息的记录不再像过去一样仅局限于纸张，而是发明了电子储存介质。电子存储介质体积小、储存量大、易携带保存，同时，具有纸张所不能比拟的海量性、可检索性和方便性，也就是说，电子存储介质带来了数字化信息。数字化信息在储存、处理、传输和交换过程中具有速度快、容量大、成本低、准确可靠、方便灵活等优点。随着通信技术的飞速发展，芯片越来越小型化，1个芯片已经能够包含上亿个元件，构成了“单片上的系统”。可以说，数字化信息实现了以最小的载体涵化最多的信息。

（三）信息的传播方式发生了巨大变化

互联网对信息传播方式所带来的变化同样是巨大的。互联网将计算机、声像和通信技术合为一体，形成了互联网时代独有的信息形态——多媒体信息。

1．多媒体信息的出现

互联网时代的传播方式从人际传播的“点对点”的对话式的双向传播，大众传播的“点对面”的独白式的单向传播，转

---

〔1〕 Eriksen, Thomas H., *The Tyranny of The Moment*, H. Aschehoug & Co., Norway, 2001，p.70.

化为交互式的网络传播。网络传播是一种使传播者和接受者之间都可以参与其中并进行互动的传播模式。

智能手机的发明和普及使移动互联网成为互联网时代最主要的信息传播媒介，也是为了传播多媒体信息而设计的信息传播终端。移动互联网是将移动无线通信和互联网融合起来的产物，其兼具了两者的特点，在提供了手机随时、随地和随身的特点的同时又兼有互联网开放、共享和互动的特点，使文字、图片和多媒体信息等形式的信息都可以以空前的速度在空前的网络空间内进行传播。

2．高度分散的传播方式

在互联网时代，信息的生成不再单独由国家权力部门自上而下地产生，而是分散到了个人手中，实现了自上而下和自下而上的信息生成的两种模式的共存。也就是说，自下而上的信息生成模式打破了传统的国家宣传部门对信息生成的垄断。因此，在互联网时代，信息生成具有分散化和民主化的特点。

而网络的交互式的传播方式同样具有高度分散化和民主化的特点。在网络传播中，每个接入互联网的人在理论上都可以成为信息的接受者和发布者，每个人都握有一个可自由发声的话筒，以自主和互动的方式介入舆论的生成和传播。

网络信息生成和传播方式的高度分散化和民主化的特点产生了开放和多样化的网络世界，这需要国家对其进行有效的引导和管制，否则大众舆论会被泛滥的色情、各种仇恨言论（种族、政治、宗教、等级、地域等）所淹没。而作伪正是作伪发起国的国家权力部门引导大众舆论的一种方式，只是作伪是以系统性的谎言和造假来进一步将公共舆论引入歧途。

（四）互联网克服了时空的隔阂

在互联网时代，人们获得信息的方式实现了事件的发生与信息获得的同步性和共时性，而同步性和共时性的取得是由于互联网抹去了人们在时间和空间上的隔阂和限制。

在信息生成、保存和传播的时空障碍被拆除之后，信息的时效性极大地提高了。

（五）云计算消除了信息不对称性

云计算和大数据带来的革命性的变革消除了迄今为止一直伴随着人类而存在的信息不对称性。只要能够有效地利用云工具，发挥好云的作用，那么，所有人面对的信息都是相同的，都是对称的，不再存在信息的不对称性。这不能不说是一个巨大的历史变革。

但是，网络时代对信息不对称性的消除只是针对技术上和理论上而言的，在具体的实践中并不具有必然性，相反，网络信息在一定条件下还可能放大信息的不对称性。在信息生成和发布的一定时期内，在缺乏有效的去伪措施的情况下，针对某一特定事件的信息不对称性仍然是存在的,并且也可能被扩大，甚至无限地被放大。

作伪发起者正是利用了网络信息在一定条件下其不对称性也可能被放大的特点来迅速制作和传播作伪，破坏事实性的三个原则，阻挠符合事实性的观念事实的形成和传播。

（六）速度的加快

而互联网时代所带来的所有变革都可以归纳为速度的空前提升，都是通过速度的空前加快而体现的。也就是说，速度的空前提高代表着互联网时代的所有变革的核心。也正是速度要素的变革为信息时代的作伪带来了新的技术可能性和空间。

1．速度对于互联网的重要性

互联网打破了时间的隔阂与限制，给信息的生成、储存、传播和反馈带来了巨大的变革,并由此消除了信息的不对称性。在云计算和大数据时期，人们的竞争焦点不在于对于信息的垄断，而在于利用互联网技术的创新能力，而创新能力则体现在速度之上。

正是云计算和大数据的这个特点为作伪提供了新的技术可能性和空间，令作伪发起国能够通过第一时间编造简单性作伪和单项作伪等容易制作的相对简单的作伪来抢占先机，通过制造和先人一步散播虚假信息来获得关于某些事件和行为的第一印象，为形成虚假的观念事实打下基础。

2．互联网的速度体现

互联网的速度体现在信息的各个方面。它们包括以下几个方面。

（1）信息生成的速度。

在前信息时代，人们的信息载体是纸质的，信息的生成、保存和传播都离不开印刷术和与之相关的物质性设备,人、纸张、油墨、印刷机、汽车等物流工具等，这些必要的物质设备拖慢了信息的生成的周期。相比于印刷时代的漫长周期，如报纸、杂志和书籍，网络时代的信息生成的周期十分短，有时只需要一个人用几分钟便可生成互联网上的一个信息，而这在前信息时代是不可想象的。

（2）信息数量增加的速度。

在互联网时代，信息生成的便捷会导致信息数量的几何级数的增加，形成了信息爆炸。如前所述，信息爆炸是信息时代的一个典型特征。信息在生成之后，不需要物质性的储存空间，而只需要虚拟性的网络空间，并且具有网络终端的人都可以分享这些巨量的信息。这是信息爆炸的另一个维度。

（3）信息内容变化的速度。

在印刷时代，一个信息一旦生成，要想改变其内容是十分繁复的，甚至要比信息生成的周期还要长，而在信息时代，改变一个信息的内容与生成一个信息同样是十分迅速的，甚至只需要几分钟或者更短。

（4）信息传播的速度。

信息在网络上的传播速度散布于印刷时代更是快得令后者无法想象。在理论上，只需要瞬间，一个信息便可被整个网络接收，实现跨地区、跨国家和跨大洲的传播，接触到上千上万甚至几亿人，跨越了时间和空间的隔阂，从一点可以迅速与世界各地的无数个点实现连接，进行信息分享。

（5）事件发生和传播的速度。

互联网时代的速度不仅体现在虚拟的网络空间实现的信息生成和传播之上，在现实世界里，受到网络信息的冲击，事件的发生和传播会同样以前所未有的速度进行，一个事件的发生会迅速导致另一个事件的发生，从而在短期内形成多米诺骨牌效应。

（6）速度导致简单化和粗糙化。

速度会导致简单化和粗糙化，这个规律在互联网时代同样适用。出于竞争的需要，信息的生成和传播都要以更快的速度进行，否则便无法取得先机，而为了取得先机，有意和无意地牺牲精确性和真实性就是不得不采取的办法。因此，在信息爆炸的同时，不准确、不真实和不完整的信息比比皆是，甚至构成了信息爆炸的主要内容。这种情况为作伪发起者提供了生存空间，他们利用网络信息缺乏准确性、真实性和完整性的缺陷，可以制造假新闻、虚假信息和作伪进行误导和欺骗，使其成为一种攻击对手的国际政治行为和国家战略。

（7）作伪和去伪的速度。

鉴于网络在信息生成、内容改变和传播上的速度，作伪和去伪同样都以极高的速度进行。虽然作伪发起者善于利用网络的速度来制造和传播作伪，率先对事实性造成伤害，但是如果被害人采取迅速而有力的具有针对性的去伪措施，那么去伪同样会与作伪一般采取同样的速度在网络上传播，对作伪的内容进行戳穿，对作伪发起者进行打击。也就是说，虽然作伪由于先发制人而能够取得先机，但是作伪所取得的先机是暂时的，网络的速度优势对于作伪和去伪是相同的，只要作伪的目标国家能够充分利用网络技术的优势进行去伪，那么，作伪的先机优势就会被剥夺。

第二节　唯实主义与互联网时代

互联网时代造成了信息的“革命”，但是却不是事实的革命。互联网时代的信息的爆炸式增长并不等于事实的爆炸性增长。

一、互联网时代对事实性所带来的变化的哲学本质

从哲学层面上看，互联网时代并没有改变事实和事实性本

身，既没有产生新的事实类型，也没有创造出新的事实核心要素，也就是说，事实和事实性在互联网时代并没有发生变化，互联网时代所造成的只是对某些事实的必要要素即获取事实的过程和方式带来了巨大的变化。

概括起来看，互联网时代对于事实的必要要素所带来的巨大变化体现在以下这些方面：即事实性生成的速度达到了同步化阶段，事实性的真实性取得巨大的进步，事实性的表现方式发生了巨大的变化，事实性的传播方式发生了颠覆性的变化，互联网技术和平台为作伪的生成和传播带来了短期的技术优势。

虽然互联网时代对于事实的真实性的获得带来了速度上的便利，但是同时也为对可能对事实性的真实性进行破坏的要素带来了便利。另外，互联网时代在事实性的完整性和主客观的相互交融方面并没有取得明显的变化，甚至还会造成某些方面的进一步的倒退和割裂。这些现象的出现是互联网技术和平台的使用者的价值观出现偏差和迷失所致，也是其道德水平恶化和道德堕落的直接结果。

二、互联网技术的属性

作为科学技术的一种，互联网技术同样是中性的，其本身并不具有价值取向，互联网的功能是由使用者的价值观所决定的。也就是说，如果互联网时代发挥了负面的功能和出现了负面的影响，这些不是互联网技术本身的责任，而是使用互联网技术和利用互联网平台的人的责任。

互联网技术、电子计算机和互联网是中性的工具和平台。事实上，如同所有的科学和技术一样，包括电子计算机本身在内的各种信息技术和互联网只是中性的技术和平台，其本身并不具备是非曲直的是非观和鉴别真伪的价值观。也就是说，互联网可以被“好人”使用，用来更好地发现、构建和传播事实和事实性，也可以被“坏人”利用，用来制造谎言和作伪，为其阴暗的政治目的服务。

三、信息爆炸对于事实性的冲击

如前所述，信息时代最突出的现象就是信息量的爆炸式增长，这种现象被称为“信息爆炸”。信息爆炸有两个层面的意思：一是信息的绝对数量的爆炸；二是人们可以获得的信息量的爆炸。

（一）信息爆炸不等于事实爆炸

在信息时代，这些被爆炸出来的海量的信息并不全是事实，相反，其中的绝大部分远不是事实，而只是非事实，包括以部分事实出现的伪事实以及以假信息和假新闻出现的反事实，而其中人为性的作伪所占的比例是不容忽视的。也就是说，在很大程度上，信息爆炸指的是非事实性的信息的爆炸，而不是事实或者事实性信息的爆炸。

（二）对事实的获得变得更加复杂

在互联网时代，非事实性的信息的爆炸对于事实尤其是符合事实性标准的观念事实的形成和传播是个巨大的冲击和干扰。大量的非事实性信息的堆砌不仅起到了鱼目混珠的效果，而且在很大程度上淹没和掩盖了事实和事实性，增加了正确的观念事实形成的难度，也对观念事实的形成和传播造成了干扰和破坏。

人们在认识事实时不仅要消除无知，还要先辨别和区分非事实，更重要的是要消除作伪即进行自主的去伪。也就是说，在互联网时代，虽然人们获得信息的过程更加迅速和便捷，但是对事实和事实性的获得却要经历更多的环节，在过程和步骤上变得更加复杂了。

四、互联网时期的事实性和作伪

互联网时代对于事实性来说并不是绝对的利好，而是把双刃剑。事实性可以得益于互联网时代的所有好处，作伪几乎可以同样获得，而在短期内互联网对于作伪能够带来更多的便利和优势。在很大程度上，对于作伪来说，互联网的技术和平台是个时代悲剧。

在互联网时代，在技术层面上，面对日新月异的各种互联网科技的进步，事实性和作伪所处的地位并不相同。

（一）互联网有利于作伪

互联网时期的数字技术为事实性的获得提供了技术保障。在互联网时期，事实的获得更加便利和迅速，事件和信息的共时性为事件的真实性和完整性创造了更多的条件。

但是不幸的是，同样的互联网技术也可以为事实性的反面即作伪服务。在互联网时代，作伪的技术条件、物质载体和工作平台都发生了巨大的变化，使作伪更加快速、更具时效性和更具欺骗性。也就是说，如果互联网时代提供了新的获取事实的高科技手段和方法的话，那么，这些新的高科技手段和方法也同样适用于作伪，也为作伪提供了高技术支撑和新的方法，从而改进和加强了作伪的迷惑性和欺骗性。

非事实性信息的爆炸给作伪者提供了绝佳的机会进行大量的作伪，大量的谎言、造假和处心积虑的作伪在网上大行其道，公开流传，而对其进行质疑尤其是进行辩正的人则是极少数。因此，在很大程度上，互联网是作伪者的理想平台，而对于真相和事实的追求者来说则是个困难和障碍。

可以说，作伪在互联网时代所取得的巨大改进是一种时代的不幸和悲剧。

（二）作伪利用互联网为己谋利的方法论基础

从信息技术和认知心理学的角度看，互联网提升作伪的秘诀在于利用了互联网的速度，在于“恶人先告状”，即利用互联网的即时性的特点，快速制作和传播虚假信息和假新闻等简单性作伪，以达到先入为主，快人一步，形成先入之见的目的，以此来对事实性造成破坏和冲击人们对观念事实的构建。也就是说，即时性不等于真实性；时效性也不等于完整性。相反，即时性恰恰被用来掩盖真实性，时效性恰恰被用来破坏完整性。

作伪者正是利用互联网的技术特点和人性的弱点来放大制作作伪，使其在网上无孔不入，大肆流传，在满足一己之私的同时，严重污染了互联网的环境，破坏了唯实主义在互联网时代的发挥，促进了反唯实主义的滋生和发展。

（三）事实性与作伪的博弈

信息爆炸赋予了唯实主义更重要的意义和使命。也就是说，在互联网时代，存在着围绕着事实性和作伪这一对对应范畴而进行的网络较量。存在着是东风压倒西风，还是邪风压倒正风；是事实和事实性压倒谎言和作伪，还是作伪者压倒事实构建者；是正义压倒邪恶，还是邪恶压倒正义等这些关键的较量和博弈。

人类社会的围绕着正邪和道义的博弈将在互联网时代这新的背景和平台上以更大的规模和更新的方式持续进行，两种性质和行为的胜负结局都是在互联网时代有待解决的悬念。

（四）作伪在互联网时代的新角色

在互联网时代，互联网的技术和平台使强大的信息能力成为一种新形态的国家力量。

在信息时代尤其是互联网时代，对数据的制作、加工、积累和利用的能力，即信息能力，已经成为一个国家的新形态的力量，就如同在工业时代一个国家的重工业对钢铁和电力等的生产能力一样。信息能力不仅是一个新的经济领域和新的经济方式，可以启动和带动物联网、云计算和大数据等产业的产生和发展，也是一个国家的政治、经济、军事和话语权与时代接轨和升级换代的不可或缺的杠杆。不具备信息能力或者信息能力落后于其他国家不仅意味着一个国家的国力落后于时代，也意味着它在激烈的国家之间的竞争和博弈中处于弱势地位。

除了对传统媒体的控制之外，网络控制权在信息时代更显重要。网络控制权主要包括网络空间话语主导权、网络规则制定权、关键信息节点和网络设施的控制权等。[1]

因此，在信息时代，获得和强化信息能力是一个国家重点投资和发展的领域，也是大国竞争的极其关键的战场。在大国的力量基本持平或者差距不是很大的情况下，信息能力成为国家综合国力的催化剂和决定性杠杆性要素。

---

〔1〕 参见洪鼎芝：《信息时代：正在变革的世界》，世界知识出版社 2015 年版，第 74 页。

（五）互联网时代的作伪与新型的国际政治工具

互联网的关联性和全球化的属性对国家主权构成了冲击和挑战。互联网不仅成为一种新型的国家力量和国际政治工具，还为颠覆和推翻国家政权提供了新的方式。

由于互联网是依靠互联网技术而形成的全球信息交流平台，因此具有关联性和全球性的本质属性。缺乏了关联性和全球性，互联网就不称其为互联网。互联网的关联性是全球性的，同时，互联网时代的全球性是由互联网的关联性而实现和完成的。因为有了这些特征，互联网才能发挥一项新的功能，即渗透性。互联网可以穿越国境线而自由出入一个国家，参与某一个国家的社会生活，并且对某一个国家的社会生活的各个方面都产生影响，也就是说，互联网的渗透性可以让许多远在国境线之外的行为体参与到自己国家的社会生活之中，等于是平添了许多陌生而有发言权的不曾谋面的角色。这在历史上是从来没有出现过的现象。对于国家权力来说，这种崭新的现象既能巨大的改变信息交流的方式，同时也会带来颠覆性的负面冲击和影响。

也正是因为这些本质属性和特征，互联网才能够超越其技术和信息平台的功能，成为一种新型的国家力量，成为一种新型的国际政治工具。而这种新型的国家力量和国际政治工具必然会对传统的政治规范和行为形成冲击和挑战。事实上，互联网确实对国家政权形成了严重的挑战，而这种对国家主权的严重挑战就体现在作伪之上。作伪发起者可以通过互联网针对作伪的目标国家发起作伪攻击，形成对这些国家的主权的严重冲击和挑战。

通过互联网发起的各种金融、高科技、军事和经济制裁，就是对国家主权的严重冲击和挑战的体现，而其更为激烈和极端的方式就是旨在颠覆和推翻作伪目标国家的国家政权的“颜色革命”。

关于互联网和作伪对国际关系的冲击和挑战，可见后文第五章。

第三节　人工智能时代

如果说互联网时期的云计算和大数据为人类带来了网络上的虚拟空间的话，那么即将到来的人工智能时代则将为人类带来全新和全面的虚拟世界。这个虚拟世界将从各个层次和维度渗入人类的现实世界，用越来越多的虚拟行为来代替和补充人类行为。

在充分的云计算、大数据、5G 等信息网络技术以及电脑和智能手机的普及的支撑之下，人工智能时代距离人类已经越来越近了。人们预测，当 6G 技术、生物化技术和量子技术等高科技进一步成熟和得到普及性应用之后，人类将打开人工智能时代的大门。到时，又一次改变人们获取信息方式的巨大变革将给人类的认知和行为方式带来革命性的变化。而这种革命性变化的核心将是虚拟世界的全面形成与现象世界的深度融合，机器人将在人类生活中发挥越来越大的作用，甚至可以取代越来越多的人类行为。

而虚拟世界的成熟和机器人意味着大国之间进入了新一轮的网络高科技的竞争和博弈，而对于作伪和去伪则意味着国际关系中会展开又一轮的国家意识形态和国家力量之间的激烈角逐和博弈。

除了关于行为的主体以及机器人的道德和伦理问题的探讨和应对之外，人工智能时代也将为唯实主义和事实性带来新的挑战。从哲学上看，如机器人这种人造的具有仿造、模仿和替代人类智能的机器如何按照事实性的标准和原则进行定位，是否能够参与事实形成的立体过程尤其是能否和如何参与主客观的相互交融等问题，需要进行认真地思考和定性。

第五章

作为国际政治行为的作伪

信息技术和互联网极大地提高了作伪的可信度和价值，增加了作伪的迷惑性和欺骗性，但是这些是建立在对事实性篡改和践踏的基础之上的。也正因如此，作伪被旨在以作伪为攻击手段的国家纳入了国家战略。而在作伪发起国的国家战略的指导下，作伪在互联网时期的国际政治手段的功能得到了很大的加强，占据了国际关系的中心位置。

第一节　作伪成为国家战略

在互联网时代，作伪被作伪发起国上升为国家战略和国际政治的重要手段并不是偶然的，而是具有必然性的。这种必然性体现在互联网本身所孕育的内在力量之上。

一、网络成为一种国家权力

网络的重要性得到了所有大国的充分重视。事实上，在互联网时代，网络已经成为一种新形态的国家权力。

（一）作为新的权力形态的网络权力

网络权力体现在互联网成为新的信息来源、新的舆论平台、新的高科技力量、新的国家力量和新的国际政治博弈的手段和工具。在信息时代，没有国家能够不重视和忽略互联网，恰如在工业时代没有国家不重视电力一样。在互联网时代，一个国家不重视和忽略互联网就等于放弃了一种新的国家舆论平台、新的国家政治和军事力量，就等于放弃了一种攻击对手和敌国的进攻手段和针对来自对手和敌国的网络攻击进行自卫和防御的手段，就等于主动放弃进步而与时代脱节和脱钩。

因此，网络技术和网络能力已经成为一种国家力量，而不断发展网络技术和持续地强化网络能力是任何国家尤其是大国不可轻视和忽略的国家战略。

（二）美国的“战略传播”的本质

美国是进入互联网时代以来在网络技术、传媒能力和传播实力方面最强大的国家，而美国政府也将这种强大转化为作伪霸权。而“战略传播”就是提出的利用国家权力进行对外宣传的作伪战略。

美国国防部于2006年提出了《四年防务评论报告》，将战略传播定义为：“战略传播是指美国政府集中努力来理解并接触关键受众，通过国家权力机构各部门协调一致的信息、主题、计划、项目和行动，来创造、强化或维持有利于美国国家利益和目标的环境这一整体的、持续的行动过程。”〔1〕

这是美国将对外宣传视为国家战略的第一次明确的文件表

〔1〕 洪鼎芝：《信息时代：正在变革的世界》，世界知识出版社2015年版，第83页。

述。这份报告表明，对外宣传是美国整体国家战略的重要组成部分和手段，对外宣传美国的利益是需要各个政府部门进行协调的系统工程。

2011 年美国遭受“9·11 恐怖袭击事件”之后，战略传播的地位进一步得到加强，成为与外交、经济和军事并列的四种手段之一。2010 年 2 月，美国国防部向国会国防安全委员会提交了一份战略传播报告，列举了战略传播的四大使命：“提升美国的可信度和合法性，削弱对手的可信度和合法性，促使特定目标采取具体行动支持美国目标，促使竞争者或对手采取（或不采取）特定行动。”〔1〕

这份报告明确指明了战略传播针对竞争对手的攻击性，这意味着所谓的战略传播对于美国的战略地位的进一步提升。美国前国防部官员阿诺德·亚伯拉罕说：“战略传播是指具有战略影响的传播——在战略层面上选择受众、信息和手段的艺术。”〔2〕美国国防部还明确指出，要“有计划地利用宣传和其他心理活动，以影响敌对的外国团体的舆论、情感、态度和行为作为首要目的，从而支持实现国家目标。”〔3〕

从这些关于战略传播的报告和高官的讲话中可以看出，美国的所谓的战略传播就是美国对外实行系统性作伪的战略计划，是落实其作伪霸权的战略。在这些报告中没有提及事实和事实

---

〔1〕 洪鼎芝：《信息时代：正在变革的世界》，世界知识出版社 2015 年版，第 83—84 页。

〔2〕 洪鼎芝：《信息时代：正在变革的世界》，世界知识出版社 2015 年版，第 76 页。

〔3〕 洪鼎芝：《信息时代：正在变革的世界》，世界知识出版社 2015 年版，第 76 页。

性，而只关注战略传播对其他国家的打击效果，是一种“艺术”。而这种艺术只是作伪的委婉的提法而已。这些都表明，美国会不择手段地实现诋毁目标国家的明确意图，将作伪霸权视为美国霸权主义的对外战略的有机组成部分。

二、美国握有强大的网络实力

在互联网时代，就拥有的网络权力而言，美国毋庸置疑是第一强国，掌握着网络霸权。每个网络权力的强大和霸权体现在从网络规则制定到实际应用，从软件设计到硬件生产的各个方面。

（一）网络规则的制定

域名解析是网络互联互通最基础的环节。由于历史和技术的原因，网络域名与地址的监管一直由美国政府控制的专门机构掌控。对各个国家的域名进行分配、管理和确认的国际机构ICANN（互联网域名与地址管理公司）于1998年在美国成立。世界上共有13个根服务器（root server），其中有9个在美国。[1]

理论上，如果美国把根域名服务器与二级域名服务器的连接断开，其他国家的网站就会处于瘫痪状态。但是，近年来中国已经建立起了镜像根服务器系统，基本上消除了国内网站受制于美国的风险。然而，在世界范围内，美国对根服务器的控制仍然是其强大的网络实力的基础。

（二）软件设计

美国拥有最强大的计算机软件设计能力，国际上研发和

---

〔1〕 东鸟：《中国输不起的网络战争》，中南出版传媒集团、湖南人民出版社2010年版，第18页。

设计能力最强的软件公司绝大多数都是美国公司。现在世界上通用和流行的计算机操作系统 Windows 系列是由美国的微软（Microsoft）公司开发出来的。同时，国际上通用和流行的主流软件，如 Word，Excel，PPT 等也是由美国公司开发出来的。

（三）硬件设备的生产

美国的计算机硬件生产能力也是世界上领先的。著名的计算机品牌大多数都是美国的品牌，如 HP, Dell，IBM 等都是美国公司。计算机内的核心元件也都是由美国公司研发出来的，如硬盘来自希捷（Seagate），操作系统来自微软，CPU 来自英特尔（Intel），交换机来自思科（Cisco）等。

（四）网站的使用量

互联网上的主流语言是英语，网上内容的 70% 都是用英语书写的，而美国是国际性网站最多的国家。作为准国际语言的英语为美国利用作伪为其国际政治工具提供了语言的基础，享受到了非英语国家不会有的便利。

（五）GPS 的垄断和占有率

全球定位系统（Global Positioning System，GPS）是美国空军开发和主导的全球定位系统,是世界上第一个类似的系统。GPS 有两个军用和民用层次，除了供军方使用的定位系统之外，还有一套向公众免费开放的全球卫星导航系统。GPS 曾是世界上唯一的全球定位导航系统，曾经在世界上处于垄断地位，许多国家都对其广泛使用，甚至产生了严重的依赖。GPS 系统的开关掌握在美国手中，美国可以随时对其进行操控，如扩大信号误差，甚至关闭信号，让 GPS 失灵，这对于严重依赖 GPS 的国家是个巨大的威胁。

好在中国已经完成了自主研发的北斗定位导航系统，其准确度和可靠性不仅可以与GPS相媲美，有些性能，如抗干扰性方面，还要高于GPS。中国的武器定位和导航从此摆脱了对美国的依赖，取得了可靠而稳定的远程战略和战术打击能力。

（六）美国软硬件设备在其他国家的占有率

美国在互联网技术、软件设计和硬件生产上的垄断和主导地位已经转化为在全球互联网系统中的垄断和主导地位，其中包括中国这样的大国。

“在涉及国家关键信息基础设备的建设中，频频出现美国‘八大金刚’（思科、IBM、谷歌、微软、高通、英特尔、苹果、甲骨文）的影子。”“在与信息产业关联最密切的中国互联网行业，思科的份额有60%。”〔1〕

三、效果被无限放大的作伪和作伪霸权

美国将作伪作为国际政治工具加以战略性的使用是建立在对网络技术和网络应用的垄断基础之上的。美国所拥有的超强的网络实力是其进行大规模作伪的技术保障和支撑。

（一）作伪是某些国家舆论控制和操纵民意的重要手段

如前所述，作伪的本质就是通过制造系统性的谎言来篡改观念事实，从而进行误导和欺骗的有预谋和有组织的行为。而传播作伪的媒介就是电视台和网络等大众传播平台。互联网为作伪提供了新的技术手段和平台，互联网对于作伪的重要性是巨

〔1〕　洪鼎芝：《信息时代：正在变革的世界》，世界知识出版社2015年版，第195—196页。

大的和不可或缺的。在信息时代，任何国家要在国内外控制舆论，网络都是核心区域，其重要性有超过传统的纸媒、电视和广播等传统媒体的趋势。作伪首要的和最终的目的就是要操控舆论，扭曲和制造虚假的信息和观念，形成于己有利的舆情和氛围。也就是说，电视台、电台和网络等公共新闻和信息渠道是传播事实和事实性的平台，也是作伪发起国实施作伪的平台。

虽然作伪攻击的目标国家是作为国际行为体的其他国家，然而，国内舆论是进行作伪的前提和基础性的平台。也就是说，国内舆论是国际舆论的基础，而控制国内舆论是操控国际舆论的前提和基础。对于掌握着国际话语权和国际舆论霸权的国家来说，国内媒体和国际媒体是高度重合的，也就是说，对于这些国家来说，控制了国内媒体和国内舆论在一定程度上也就是控制了国际媒体和国际舆论。〔1〕日本国际问题专家近藤诚一在《日美舆论战》中指出："在美国形成的舆论都会变成一种对其他国家构成压力的世界性舆论。"〔2〕

虽然美国掌握着国际舆论霸权，然而，相比于控制国内舆论，控制国际话语权和国际舆论霸权要更加困难。在有国家权力作保障的情况下，国内的舆论是很难不服从国家意志和政府的控制的。而在国际上，即使一个国家拥有国际话语权和国际舆论霸权，也很难保证其他国家一定会服从你的意志，对另一

〔1〕 例如，美国的有限电视台（CNN）既是美国最重要的国内电视媒体，同时也是具有巨大影响力的国际媒体。CNN是美国政府在国际上实施作伪的重要的公共媒体和舆论渠道之一。英国老牌的广播电视媒体英国广播公司（BBC）具有同样的定位，发挥着同样的功能。

〔2〕 洪鼎芝：《信息时代：正在变革的世界》，世界知识出版社2015年版，第75页。

个国家时时刻刻都唯命是从。在这种情况下，作伪往往将错误的信息和观念与利益进行捆绑，迫使其他国家听从作伪发起国的指挥和调遣，而其他国家则会在利益的驱使下选择支持错误的信息，而置事实性于不顾。由此一来，作伪便不仅是作伪发起国的作伪霸权的体现，也成为其实现和落实其整体国家霸权的有力工具。

以美国为首的西方国家控制舆论的目的在于操纵民意，实际上是一种剥夺民众进行独立思考和判断的机会和能力。

（二）强大的网络权力是美国作伪的技术保障

美国超强的网络技术和由于历史原因而形成的对互联网的各种垄断，使美国拥有巨大的网络实力，是网络世界的超级大国。只是在此基础之上，美国才能利用网络对目标国家进行大规模的作伪攻击，使作伪成为为其国家战略服务的一个工具。也就是说，美国所拥有的强大的网络实力是美国进行大规模作伪的技术保障和支撑。

近年来，美国对于网络的绝对控制已经开始松动，美国已经不再是互联网技术的垄断者和领导者，也不再是网络运行规则的唯一和必然的制定者。

（三）美国的作伪霸权

互联网技术在特定的条件下由于提高了欺骗性可为作伪提供在一段时间内的一定程度上的可信度。当然，这种可信度的提升是虚假的，本身就是作伪的一种。国家权力对网络的充分重视为作伪的重要性注入了强心剂，在纳入国家战略之后，作伪更是作为国家权力的一种新的霸权形态而获得了作伪发起国的重用。

1．作伪霸权的有机性

从总体层面上看，作伪霸权是美国霸权的一种形态，是为美国的总体霸权服务的；从具体层面上看，作伪霸权是美国的舆论霸权的一个形式，也是对舆论霸权的一种深化和强化。

与美国强大的网络实力相适应，美国拥有最强大的作伪实力。从某种程度上看，美国强大的作伪实力是其超强的网络实力必然的派生物。在美国强大的网络实力的促进之下，作伪的欺骗性和攻击性和所能取得的预期效果得到了质的提升，作伪成为一种新的实力、新的行为方式、新的平台和新的打击对手和敌国的攻击手段，而美国是这种能力的开发者和最大的使用者。网络成为美国作伪的重要平台之一，是美国国际舆论霸权的体现，也是美国维护其世界霸权的放大器。也就是说，美国将其国际舆论霸权成功地转化为了作伪霸权。作伪霸权是美国的整体霸权主义的有机组成部分。理解作伪霸权不仅对于深入理解美国的意识形态和国家行为模式十分重要，对于其他国家反对美国的霸权主义战略也具有特别的重要性。

效果被巨量放大了的作伪被一些国家视为信息能力，被作为新的国家力量和实力的一种而纳入了国家战略之中。美国则将其国际舆论霸权提高到了作伪霸权的地步。这是网络时代的不幸和悲剧。

2．反去伪

在互联网时代，作伪已经被美国提高到了国家主要战略的高度，成为其攻击主要对手的重要的国际政治工具，这是美国的作伪霸权的体现。同时，针对作伪的目标国家和受害国家发起的去伪反击的反去伪更能体现美国的作伪霸权，可以说反去伪是作伪霸权的升级版和一种极端形态。

所谓的反去伪是指作伪发起国针对作伪目标国家和受害国对其作伪所发起的去伪反击而发动的新一轮的作伪行为，是对去伪的反动、反击和否定，是对其先前所做的作伪的强化和升级。反去伪是作伪攻击的升级版。如前所述，作伪的哲学基础之一是作伪发起国试图用是非或事实性来代替其意图，在两者之间进行偷换概念，用是非或者事实性来掩盖其真正的意图。去伪的出现意味着作伪发起国已经置是非和事实性于不顾，开始剥去作伪的伪装，暴露出真正的意愿，开始与作伪的目标国家和受害国进行直接的政治对抗和博弈，开始以直截了当和正面对抗的形式来实现其实体霸权。同时，反去伪的出现意味着作伪第二规律或许已被启动，也就是说，针对作伪的目标国家的打击准备进入或者已然开始进入硬性打击阶段，作伪的升级效应已经启动，实体性的打击和对抗随时都会爆发。

美国绝大多数针对目标国家所发起的作伪攻击在受到作伪目标国家所做的有针对性的去伪反击之后便会原形毕露，无法自圆其说，但是，美国在事实面前仍然不放弃说谎和造假的作伪行为，对事实采取视而不见的方法，继续维持先前的作伪，这就是反去伪行为。

关于反去伪与作伪规律之间的关系，可见本章后文的相关部分。

关于反去伪与新冷战中间的关系，可见本书第八章的相关部分。

（四）美国作伪霸权的工具

美国的作伪霸权并不是由一小部分人或者每个专门的政府

部门或者一两个媒体来进行的，而是涉及政府各个部门、媒体、出版业和娱乐业的“全民运动”。此处所说的全民运动并不是说美国的所有政府官员、所有媒体、所有的出版业和书籍都在刻意和有意识地致力于作伪，而是指这些部门都会参与作伪活动。

1．大使馆、美国中央情报局（CIA）和大使馆

如果美国的国会和政府领导人是作伪的策划者和制定者的话，那么美国的驻外政府机构就是作伪的执行者。这些作伪的政府执行者包括美国的驻外外交机构，如大使馆和领事馆，美国的国际性的间谍组织，如美国中央情报局（CIA），以及各级涉外政府部门和驻外外交机构等，是为美国实施作伪霸权的重要的政府部门。它们根据美国高官的作伪指令在潜在的目标国家收集和提供第一手资料和素材，直接参与作伪的制作和实施，进而成为指挥所在国家进行“颜色革命”和暴乱的大本营和神经中枢。

2．非政府组织

如果说美国政府和议会的高官是美国作伪霸权的官方体现的话，那么，美国的非政府组织就是在海外直接资助和策划“颜色革命”的金主和具体执行者。绝大多数的非政府组织同样是美国政府的直属组织，却打着非政府组织的旗号出现，这本身就是一种作伪行为，旨在加强其误导性和欺骗性。

类似的“非政府机构”还有自由之家（Freedom House）、人权观察（HRW）、美国国际事务民主协会（NDI）和阿尔伯特·爱因斯坦研究所（AEI）等。它们专门从事研究各种类型的作伪和通过作伪来在其他国家引起政治动乱和引发“颜色革命”以便颠覆其他国家的合法政府的工作。一些私人基金会，如索罗

斯基金会（The Soros Foundation）等，致力于在东欧国家推销西方的意识形态和价值观，在这些国家的“颜色革命”中扮演了积极角色。

3．公共关系公司

美国政府和军队在采取重大的作伪行动之前，往往和在发动对外侵略战争之前一样，会直接雇佣一流的公共关系公司进行公共关系（public relations, PR）设计，也就是对作伪进行形象包装。事实上，公共关系运作就是作伪的一部分。公共关系公司按照他们雇主的要求进行专业的设计和制作虚假的多媒体节目，并且与西方主流媒体密切配合，进行特别的摄影和广播，向美国公众和世界媒体播放和传播。在以美国为首的西方国家的作伪中，公共关系公司是技术性的主管和大脑，起到了作伪放大器和催化剂的作用。

4．书籍

当今世界的印刷业十分发达，书籍有很多种，以美国为代表的西方国家更是如此。这些国家出版发行的书籍会参与制作各种种类的作伪，其中，战略性作伪和长效作伪等这些更深刻、更高层次的关乎意识形态和政治制度的作伪主要是由书籍来制作完成的。不论以何种身份和面目出现，许多作者都是受雇于美国政府的传声筒，为了一己私利和金钱而作伪。这种作伪方式和行为更能骗取人们的信任，更具欺骗性和误导性，对于本国和目标国家的公众更具影响力和杀伤力。

5．互联网

不言而喻，作为最具实力的互联网超级强国，互联网是美国展示其作伪霸权的重要平台。由于传统媒体也可以与互联网互联互通，因此，互联网对于美国作伪霸权的重要性甚至已经超过了传统媒体。网上充斥着美国人所编造和制作的形形色色、方方面面和各种类型的作伪，无时无刻不在传播着美国的意识形态和价值观，无时无刻不在冲击着网民的感官、干扰着他们的认知和影响着他们的判断。这些作伪像病毒一样充斥于互联网的各个角落，对世界造成负面影响。

第二节　作伪的功能

从宏观上看,作伪的功能体现在能够改变一个国家的行为，不论是作伪发起国还是作伪目标国家和受害国都是如此。并且，虽然不是传统意义上的对网络安全的破坏，作伪却是一种对一个国家安全更为广泛的威胁。

一、作伪是实现霸权主义的国际政治工具

历史事实显示，作伪是拥有霸权的帝国和追求霸权的国家维持和实现其国家战略的政治手段。作伪的这种功能在第二次世界大战中得到了明显的表现。

而在现代国际关系中，尤其是进入互联网时代以来，作伪是以美国为首的西方国家维持其全球霸权主义的国际政治工具。〔1〕网络极大地提升了作伪的杀伤力，也提高了它在以美国为首的西方国家中的政治地位。互联网所带来的这些功能上的升格是作伪能够在当代国际关系中盛行和泛滥的根本的动因，

〔1〕　本书重点探究的是作伪和美国的作伪霸权，而对宏观层面上的美国霸权主义并不进行深入的讨论。

也是客观认知作伪的功能的宏观背景。只有清楚地认清了作伪的这个根本的动因和宏观背景要素，才能把握作伪真正的功能——它作为国际政治行为的性质，它所欲达到的目的和所能造成的伤害。

二、作伪能够改变国家行为

在历史上，作伪受到重视的重要原因在于作伪可以导致国家行为的改变，不仅对于作伪的发起国如此，对于作伪的目标国家和受害国同样如此。作伪的这个功能在互联网时代被无限地放大了，以至于作伪的地位被战略性地提升到了历史最高位，不但成为国际政治行为的一种频繁使用的工具，被赋予了多种新的功能，而且成为国家战略的重要组成部分，成为美国维持其霸权的屡试不爽的开路先锋。在这种情况下，作为最主要的作伪发起国——美国，更是将作伪的功能不断推向了新的高度。

作伪对国家行为的改变既表现在作伪发起国之上，也表现在作伪的目标国家和受害国之上。作伪发起国不断使用作伪大棒对作伪目标国家进行打击的原因正是在于通过作伪的实施对目标国家的行为造成负面的影响和冲击，削弱和打击其国家行为的力度和有效性，甚至抑制某些行为的实施，同时，为本国采取进一步的攻击行为制造合理性和舆论氛围，从而加大国家战略实施的力度、有效性和成功率。

虽然作伪所能造成的对国家行为的改变是个中性的表达方式，但是国际社会不能不对作伪的道德属性进行评价。如果从道德属性上来对作伪进行判断和定性的话，那么作伪是一种道德悖论，是对道德的双重破坏、否定和践踏，代表着国际政治和国际关系中的恶行的一种。因为作伪往往是作伪发起国的作伪霸权的表现，其道德属性与霸权主义的道德属性是完全一致的。

三、作伪是对国家安全的破坏

作伪作为国际关系中的恶行的一种明确体现，就是作伪是一种广泛意义上的对国家安全的综合性的破坏和威胁。

在互联网时代，其他形态的媒体内容都可以作为多媒体的一种在网络上传播，作伪更是如此。网络是作伪的主要平台。因此，认定作伪的功能不能不与网络安全发生紧密的关系。传统的网络安全是指保持网络系统的正常运行状态，即网络不因偶然或者突发的尤其是恶意的原因导致相关的硬件和软件被破坏和数据被窃取。作伪并不能造成对网络系统正常运行的破坏，但仍然能对一个国家的包括网络安全在内的安全造成巨大的破坏。因此，虽然作伪并不是传统和技术意义上的网络安全的破坏因素，却仍然是一种严重的网络威胁。

作伪对于网络安全的破坏超出了对网络系统本身的破坏，而是对作伪目标国家和受害国在软实力、道德属性、国家利益和国家存在状态等层面上的威胁，也就是说，作伪是一种比病毒和一般的网络犯罪更为广泛的对国家安全的综合性的破坏和威胁，并且它所造成的后果也超过对网络系统的破坏和威胁。

四、作伪是对国家主权的颠覆

由于互联网具有关联性和全球性这些本质属性，互联网能够超越其技术和信息平台的功能，成为一种新型的国家力量，成为一种新型的国际政治工具。互联网的出现和普及对国家政权形成了严重的挑战，而这种对国家主权的严重挑战就体现在作伪之上。作伪发起国可以通过互联网穿越国家的边境对作伪的目标国家发起作伪攻击，形成对这些国家的国家主权的严重冲击和挑战。

作伪发起国通过互联网发起的针对其他国家的各种金融、高科技、军事和经济制裁，就是对国家主权的严重冲击和挑战的体现，而其更为激烈和极端的方式就是旨在颠覆和推翻作伪目标国家的国家政权的“颜色革命”。

第三节　作伪对于作伪发起国的功能

作伪是对事实性的否定和对公平正义的践踏。而作伪发起国仍然不遗余力地将作伪作为国际政治工具加以战略性地使用，是因为作伪能够通过攻击其他国家为自己带来好处和利益。

一、作伪是实现国家战略的政治工具

在信息时代，作伪作为国际政治行为频频得到使用和被上升为国家战略的根本原因在于它能为作伪发起国的国家利益服务，是其维护自身霸权的重要的软实力之一。并且，以软实力出现的作伪可以迅速与政治、经济和军事等硬实力实现无缝连接，从而实现对目标国家的综合性的全方位的打击。

相比于传统的政治、经济和军事等打击手段，作伪具有独特的优点。作为一种意识形态和政治手段，作伪是对目标国家进行打击的成本小、见效快、受众面广和易于快速调整的攻击

手段，作为使用其他传统攻击手段的先声和急先锋，具有不可替代的优势。

美国政治学家约瑟夫·奈认为："美国面临的关键问题不在于它是否是21世纪拥有最充沛资源供应的超级大国，而在于它能够在多大程度上控制政治环境，使其他国家按照美国的意愿行事。"[1]这种观点标志着美国对于维持其在21世纪霸权的手段，开始从单纯依靠军事和政治手段向舆论等方面转化，其中，作伪自然扮演着至关重要的角色。在约瑟夫·奈看来，"软实力的同化权力与硬性的指挥权力同样重要"。[2]

二、作伪被认为可提高作伪发起国的软实力和国际形象

对于作伪发起国来说，作伪既能丰富和强化对外针对作伪目标国家的攻击性，也可用来加强自己国家的意识形态和国家制度的假象性作伪，从而产生虚假的政治正确性和优越感。因此，这种作伪实际上就是针对本国国民而进行的假象性作伪。

当作伪发起国以目标国家践踏自由、民主、人权等为幌子和借口进行意识形态和政治攻击时，都是建立在这样的潜台词之上的，即作伪发起国是拥有和维护自由、民主和人权的。也就是说，作伪在攻击目标国家的同时，也起到了美化和粉饰自己的双重功能。对目标国家的妖魔化的另一面就是对本国的美化和天使化。一些国家乐此不疲地对别的国家发起作伪攻击，

---

〔1〕 Nye, Joseph S. Jr., *Hard and Soft Power*, The Michigan University Press, 2005, p. 99.

〔2〕 Nye, Joseph S. Jr., *Hard and Soft Power*, The Michigan University Press, 2005, p. 97.

在很大程度上是出于展示自己国家的政治正确性，向自己的国民和其他国家炫耀一种虚幻的优越感。

因此，许多作伪不管对外属于何种类型，对内往往是假象性作伪，起着迷惑和麻痹自己国民的作用。

三、作伪与其他的国家行为的因果关联性

许多作伪尤其是引发性作伪和先发式作伪，能够起到提供新的行为链条的作用，同时也可以为既有的行为链条注入新的行为根据和进一步的动力。作伪对于其他的国家行为的因果关联性体现在破窗效应和升级效应之上。

（一）破窗效应

破窗效应是犯罪学的一个理论，是由美国犯罪学家詹姆士·威尔逊（James Wilson）等于 1982 年提出的。虽然破窗效应是个犯罪学理论，但它也同样适用于其他领域，包括国际政治领域。

所谓的破窗效应（Broken Windows Theory），是指在一个废弃的楼房中，如果有人打破了一扇窗户而没有被及时地制止，那么在这幢大楼中就会出现越来越多地被打破的窗户。

对于作为国际政治行为的作伪现象和行为来说，破窗效应是指如果作伪发起国针对一个目标国家的第一个作伪没有被及时地澄清和驳斥即去伪化，那么就会出现针对这个目标国家的越来越多的作伪行为。对于作伪发起国来说，它们希望看到的就是由其发起的作伪能够迅速引起其他国家进行仿效，发起更多的针对目标国家的作伪，形成破窗效应。如此一来，破窗效应便会在国际舆论中形成针对目标国家的舆论压力和群殴式的

攻击，将作伪的指控和污蔑做实，为自己采取进一步的国家行为，即与硬性的敌对行为实现无缝连接奠定坚实的基础。

（二）升级效应

破窗效应能够带来作伪在量和规模上的提升，从而对目标国家形成国际舆论压力。作伪所能起到的更大和更具攻击性的行为是引起质的升级效应，即由软性的作伪行为上升为硬性的敌对行为。

所谓的升级效应（the Escalation Effects），是指作伪可以将观念与行动无缝连接起来，从而引发一系列的政治、经济甚至军事行为，造成由作伪所引发的针对目标国家的攻击行为的实质性的升级。这种连接实质上就是为作为观念的一种，作伪提供了采取现实行动的原因和根据，为观念和行动之间建立起了因果关系。

从另一个角度来看，作伪在观念和行动之间建立起来的因果关系也为国家的软实力和硬实力之间以及软手段和硬手段实现了无缝连接。

作伪的升级效应带来的是对目标国家的攻击行为的质的转换和提升，从道德和舆论的指责和攻击升级为政治、经济和军事上的敌对行为和实在的打击行为，实际上是启动了制裁、遏制、混合战争、冷战、实体战争和全面战争。

四、作伪是敌对行为的先声

作伪可以对目标国家思想先导性的打击，起到为采取进一步的硬打击手段提供先声的作用。作伪可以作为各种敌对行为开始付诸实施之前的试探气球，可以为进一步的打击行为提供借口和根据，也可以为已经展开的攻击行为进行加码的手段。

当作伪没有被及时和充分地去伪的情况下，作伪发起国便有了采取进一步行动的逻辑起点和道德借口，各种制裁、遏制和战争准备等硬打击手段会接踵而至。

（一）作伪与制裁的结合

进入信息时代以来，单方面的制裁即单边制裁成为以美国为首的一些西方国家针对目标国家施以打击的频频使用的手段。制裁的形态从综合制裁向定向制裁转变，而经济制裁成为重要和典型的制裁形式。这种现象使得制裁和反制裁也成为国际关系，尤其是大国关系中的一个新现象。而制裁的“流行”与作伪有着不可分割的内在关联。

1. 作伪是进行单边制裁的先导

以美国为首的西方国家发动的制裁基本上都是以作伪为先导的。在针对某些国家和某些国家的公司采取制裁措施之前，以美国为首的西方国家一定会对这些目标进行作伪攻击，捏造罪名，指责它们抢夺了本国劳动力的饭碗，甚至是国家安全的威胁，等等。这些攻击绝大多数都是缺乏证据的莫须有的指控。美国特朗普时期在针对中国的中兴公司进行制裁之前，就是对这些公司进行了密集的作伪攻击，包括美国总统在内的高级官员，包括主管外交、军事和科技主管等，不仅在美国国内对美国民众进行连篇累牍的抹黑和误导，还在世界各个角落的国家都进行公开和不公开的不厌其烦地作伪式攻击。

从其设计、制作和传播的过程来看，作伪作为制裁的先导与作伪作为战争的先导是如出一辙的。可见，作伪是作伪发起国针对目标国家所采取的所有形态的敌对行为的先导。

2．制裁缺乏国际法基础

以美国为首的西方国家发起的制裁有些是根据国际法通过联合国决议的形式实行的，但是，这种形式的制裁只是以美国为首的西方国家发起的制裁的极小部分，绝大多数的制裁是缺乏国际法根据的自发性制裁。这些自发性制裁有些是根据以美国为首的西方国家的国内法为根据而制定的。

在很大程度上，以美国为首的西方国家所发起的自发性制裁是在意愿与是非之间偷换概念的一种行为，是以作伪为假面的霸权主义和霸凌行为的表现。

3．制裁的主要形式

一些国家先是对目标国家编造各种谎言，进行各种各样的作伪攻击，在不给目标国家和国际社会提供事实和进行去伪和通过相关的国际组织进行仲裁的机会的条件下就对其进行形形色色的单边制裁。制裁往往涉及几乎所有的领域，包括高科技领域、各种经济领域、政治领域、外交领域和文化领域等，而针对高科技领域、金融领域和经济领域的制裁是针对所谓的竞争对手的主要形式。

4．针对俄罗斯的制裁

自 2022 年 2 月底俄罗斯发起针对乌克兰的特别军事行动（Special Military Operation）以来，以美国和欧盟为代表的西方国家发起了针对俄罗斯的制裁狂潮，制裁的力度之大、范围之广和用心之险恶都创了近现代国际关系中的制裁之最。

（1）西方针对俄罗斯的作伪。

以美国为首的西方国家对俄罗斯的作伪可谓是五花八门，形形色色，涉及了各种类型的作伪。既包括长期以来一种实施的针对俄罗斯国家体制和意识形态的战略性作伪，也包括各种手到擒来的各种简单性作伪；既包括旨在对俄罗斯进行长期打击的长效作伪，也包括针对各个行业和事件的短效作伪；既包括针对俄罗斯国家体制和经济制度的综合性作伪，也包括针对领导人和个人的单项作伪。可以说，以美国和欧盟为首的西方国家对俄罗斯的作伪是西方国家作伪的展览馆和万花筒，也是百科全书式的全方位的展示。

（2）西方对俄罗斯掀起的制裁浪潮。

在百科全书式的作伪的引导之下，以美国为首的西方国家针对俄罗斯的制裁范围包括金融制裁、政治制裁、经济制裁、军事制裁、文化制裁和体育制裁等各个重要领域的各个方面。

金融制裁：冲突爆发伊始，美国和欧洲国家祭出了被称为金融核武的制裁，即将俄罗斯的大部分银行踢出了作为国际银行结算系统的“环球同业银行金融电讯协会”（SWIFT），使俄罗斯因无法用美元和欧元进行贸易结算而无法正常从事国际贸易；美国和欧盟还冻结了俄罗斯储存在西方银行系统的高达3000多亿美元的国家外汇储备。

经济制裁：唆使和迫使西方在俄罗斯投资和运作的公司停止在俄罗斯的义务，甚至退出俄罗斯市场；禁止向俄罗斯出口高科技和高科技产品，包括芯片和零部件等；禁止向俄罗斯出口特定的产品，包括奢侈品、高档轿车等；对在欧美国家上市的俄罗斯企业进行做空抛售，使其市值缩水到了之前的零头；停止进口俄罗斯的石油和天然气；停止向俄罗斯购买电力；没收俄罗斯商人和个人在西方国家的资产，包括足球俱乐部、游艇、房产、汽车等。

政治制裁：禁止俄罗斯杜马所有成员进入美国和欧盟国家；大规模驱逐俄罗斯外交官；停止有关的政治谈判和接触。

军事制裁：停止与俄罗斯在各个级别的战略对话；废除一些先前与俄罗斯签订的军事协定；停止与俄罗斯进行各个级别的军事交流；不断向乌克兰提供包括各种重武器在内的武器和弹药的军事援助也是对俄罗斯进行军事制裁的重要手段。

文化制裁：禁止出版、出售、演出和展览俄罗斯的文学、古典音乐、芭蕾舞；解雇在以美国为首的西方国家中任职和签约的艺术家；没收俄罗斯画家和收藏家的绘画作品等。

体育制裁：取消俄罗斯足球队参加世界杯预选赛和国际比赛的资格；取消俄罗斯举办国际大赛的主办权；取消俄罗斯网球运动员参加温布尔登大满贯比赛和其他国际比赛的资格，等等。

其他制裁：禁止进口俄罗斯的猫、狗和树木等动植物。

据俄罗斯杜马统计，西方对俄罗斯的制裁数量共有数千项之多〔1〕，俄罗斯由此而成为有史以来受到西方国家制裁最多的国家。

由此可见，西方国家因作伪而掀起了对俄罗斯的仇恨，为了发泄仇恨而抛出了上千种的制裁措施，因为制裁而将欧洲和世界的和平、安全和发展推到了全面危机和毁灭的边缘。这一系列由作伪而引起的迈向灾难的行为链条环环相扣，清晰可见。

5．反制裁

反制裁（counter-sanction）就是被制裁的国家对发出制裁的国家所采取的有针对性的反击性的惩罚措施。当一个国家受

〔1〕 俄罗斯卫星通讯社网站于 2002 年 7 月 13 日的报道。

到了西方国家制裁之后，被制裁的国家绝不能忍气吞声，而是要进行有效的反击，及时做出发动制裁的措施，包括采取反制裁措施。在这方面，俄罗斯和中国堪称反制裁的代表。

以美国为首的西方国家针对俄罗斯的浪潮般的制裁给俄罗斯的经济和金融市场带来了激烈的震荡，但是俄罗斯迅速采取了反制裁措施，其中最重要的是金融反制裁措施，俄罗斯央行提出对俄罗斯不友好的国家必须用卢布来支付购买俄罗斯的石油和天然气的费用。由于西方国家对俄罗斯的石油和天然气存在着严重的依赖，用卢布支付能源费用不仅稳定了卢布的汇率以及国内资本市场和国内经济的稳定运行，还化解了以美国为首的西方国家将俄罗斯踢出国际金融结算系统的制裁。在国际石油和天然气价格大幅提高的情况下，此举为俄罗斯在国际市场上赚了大钱，导致了以美国为首的西方国家希望通过制裁而使俄罗斯的金融、经济和生活体系陷入崩溃的企图的破产。

俄罗斯央行所采取的石油和天然气购买卢布化的措施是十分成功的，它们不仅是反制裁措施，同时也是去伪措施。除了能够及时地采取正确和准确的反制裁措施之外，俄罗斯反制裁能够取得成功的更重要的原因在于它有西方国家严重依赖的石油和天然气。

俄罗斯的反制裁行为堪称是针对以美国为首的西方国家发动的金融和经济制裁的反制裁措施的经典案例，也是去伪的成功案例。在成功的反制裁措施下，许多精心设计的作伪都变成了无效作伪。

（二）作伪与遏制的结合

与制裁和其他形式的敌对行为一样，作为针对最重要的敌对国家而采取的全面封堵和限制的遏制同样是离不开作伪的。

1．遏制是国家全面战略的实施

制裁是一种针对一个公司、一个行业或者一项技术而采取的惩罚措施，具有具体性、针对性和滞后性的特征。相比之下，遏制并不具有具体性，而是将具体性包括在全面性之中；遏制并不是滞后性的惩罚，而是先发性的惩罚措施。也就是说，遏制是事先采取的可以囊括一系列制裁的惩罚措施。

遏制是超级大国打击主要对手的一种全面性战略。遏制是在不动用直接的军事打击手段的前提下对目标国家进行围堵和限制以阻止其经济、科技和军事发展，从而降低其国际政治地位，使其无法对现存的超级大国构成挑战的国家战略。美国与苏联进行的长达半个世纪的冷战就是以全面遏制苏联为总体战略的。

2．作伪是遏制战略重要的有机组成部分

虽然遏制与制裁是具有不同的特征的惩罚措施，但有一点却是相同的，即作伪。作伪是遏制的先声，是遏制不可分割的组成部分。遏制往往是作伪霸权和实体霸权的结合体。

美国要调动本国和其他西方国家的全部资源和精力来实施对战略竞争对手的遏制必须要有充分的理由做支撑。在此情况下，以战略性作伪为核心的系列性作伪粉墨登场了。为了实现遏制的战略目的，针对目标国家的各种形态的作伪都会被调动起来，国家机器为了制造和实施作伪而满负荷运转。美国过去在冷战时期针对苏联如此，现在针对中国同样如此，并且在网络时代针对中国的作伪可谓是变本加厉，无孔不入，其力度和规模都较冷战时期有过之而无不及。

3．反遏制

如果说遏制是以美国为首的西方国家针对最主要的竞争对手和敌国实施的全面国家战略的话，那么反遏制也是目标国家针对遏制而采取的全面国家战略。如果说遏制是以作伪为急先锋的话，那么反遏制必须也必然要去伪，以去伪为必要和有机的手段。

（三）作伪与战争准备

从历史上看，当一个侵略国家着手对其他国家进行战争准备时，往往是以针对目标国家进行系列性的作伪开始的。而在互联网时代，作伪与战争准备之间的关系则更加紧密地联系在了一起。

1.作伪为战争准备提供借口

历史事实告诉我们，当一个国家发动侵略战争之前，便会加大各种形态的作伪攻势，并以此为借口进行战争准备。例如，第二次世界大战之前，纳粹德国和日本无不是在编造的各种针对目标国家的作伪之下启动战争机器，进行战争准备的。

而在信息时代，西方国家发动的各种战争准备中更是以作伪为先导的。作伪与战争之间的关联性进一步得到强化，成为战争不可或缺的有机组成部分。

2.作伪与美国的军工复合体

历史事实表明，美国是近现代战争的策源地，在第二次世界大战之后，美国更是成为几乎所有在世界各地爆发的战争的幕后策划者、实施者和领导者。据统计，在美国成立之后的200多年来，一共发动了200多场战争，只有大约十几年没有在战争状态；而在第二次世界大战之后，美国便发动了30多起战争，包括大规模的侵略战争，如朝鲜战争、越南战争、科索沃战争、两次伊拉克战争、阿富汗战争、叙利亚战争等。

美国如此酷爱战争是根植于其意识形态和国家行为模式的，具有体制的必然性和国家行为的惯性。在这种意识形态和国家行为模式的背后，存在着强大的军工复合体（Military-industrial complex）。军工复合体是美国成为战争策源地的利益支撑。军工复合体不仅主宰着美国庞大的战争机器，而且在政府部门和参众两院都有强大的代理人，直接为其利益服务，可以说，军工复合体绑架了美国整个的对外政策，控制了整个国家的外交决策环节，是实际上的控制美国政治的或明或暗的主人。

军工复合体善于制造假想敌，善于将国家之间的矛盾和分歧无限放大，夸大别国对西方意识形态和国家利益的威胁，对竞争对手和敌国通过各种作伪加以抹黑和诋毁，为战争准备和战争发动制造借口和舆论环境。在冷战结束后，军工复合体并没有顺应世界和平的趋势，而是处心积虑地在世界各大洲设立新的假想敌，夸大对美国和西方盟友的危险以及战争风险，在世界各地变本加厉地煽风点火，以便持续性地增加美国军费开支和出售武器。而军工复合体制造敌人、无限放大威胁和发动战争的常规做法就是针对目标国家所进行的系列性作伪。被军工复合体的资本渗透和控制了的美国主流舆论进一步将假想敌演变为实在的敌人，将国家之间的矛盾和分歧升级为战争的燃爆点，实现作伪的一步步地升级。

美国的军工复合体进行系列性作伪和发动系列战争的目的并不是如其所言是为了维护美国的和平，为了维护自由、民主和人权，而只是为了赤裸裸的利益，这也将成为“皇帝的新衣”式的公开秘密。为了发动战争，美国政府持续不断地用美国纳税人的血汗钱为军工复合体输血，疯狂地进行武器研发和战争准备，而在挑起战争之后，军工复合体便更如吞金野兽般大发战争财，而置被侵略国家和被鼓动国家人民的苦难和死亡于不顾。

五、作伪是发动战争的号令和战争方式〔1〕

作伪历来是大国之间发动和进行战争的一个先声和方式，也是在信息时代以美国为首的西方国家发动混合战争的重要战争手段。相应地，去伪也必然是反对战争的重要手段，更是反对西方发动的混合战争的不可或缺的领域和手段。

（一）作伪是发动战争的号令

作伪是战争准备向战争发动的连接点和导火索。侵略者要将战争准备升级为实体战争之前，一定会采用作伪作为战争的号令加以实施。通过作伪来发动侵略战争历来是侵略者发动战争的惯用方式，在信息时代，在作伪的功能得到空前强化和提升的情况下，作伪的这个功能更是被加以充分利用。

（二）作伪是战争方式

事实证明，在互联网时代，在实体战争的进行过程中，侵略者仍然会不断地继续进行作伪，这样做不但可以为侵略战争进一步夯实战争的借口，也可以为进一步打击被侵略国家提供

〔1〕　关于作伪与实体战争之间的逻辑关系的总结和归纳，可见后文第六章所述的作伪规律。而此处所列举的案例则是对作伪规律的正面实证。

更广泛的舆论根据。而相应地，即使战争真的展开，针对侵略国家实施的各种作伪的去伪仍然要进行下去。

（三）由作伪而引发的侵略战争

在互联网时代，作伪可以成为作伪发起国发起对作伪目标国家和受害国进行侵略的战争借口。也就是说，作伪是一种战争方式本身。作伪的这种功能在科索沃战争和伊拉克战争中体现得淋漓尽致。

1. 科索沃战争

科索沃战争是北大西洋公约组织（以下简称北约）对南斯拉夫联盟共和国（以下简称南联盟）实施的一次以作伪为先导的实体战争，典型地体现了软性的作伪是如何通过升级效应转化为硬性的实体战争的。

（1）从科索沃危机到科索沃战争。

1999 年 3 月底，北约国家开始发动对南联盟的空袭，空袭长达 79 天。北约国家出动各种型号的战机达 1000 架，累计 4 万架次进行轰炸，发射各类导弹约 2 万枚[1]。美国和北约从战斗机、轰炸机、军舰和航空母舰上向南联盟倾泻了大量的巡航导弹、集束炸弹、贫铀弹、石墨炸弹以及各种制导炸弹，炸毁了南联盟的飞机厂、炼油厂、发电厂、化工厂、自来水厂、桥梁、机场、军营、铁路、公路、电台、电视台、医院、幼儿园和居民区等设施，摧毁了南联盟的经济动脉，造成了数千人

〔1〕 1999 年 5 月 7 日深夜以美国为首的北约向中国驻南斯拉夫大使馆发射了 5 枚导弹，造成 3 人死亡，20 多人受伤的惨剧。中国政府和人民对这一事件反应强烈，进行了严厉的谴责，多地掀起了民间游行抗议示威活动，在国内和国际舆论的强烈抗议和谴责之下，美国总统克林顿对这一暴行进行公开道歉。

死亡和受伤，引发了100多万人的难民潮。空袭给南联盟造成的直接经济损失达数千亿美元之巨[1]，使南联盟的经济倒退了20年。[2]

虽然这场侵略战争是在缺乏联合国授权的情况下发动的，却拥有充分的“理由”。这些理由包括“阻止种族灭绝”“拯救人道主义”“维护地区和平”“保障人权”等。当然这些冠冕堂皇的理由都是作伪。

北约国家发动对南联盟的侵略战争的目的是要为摧毁南联盟这个俄罗斯的传统的不结盟的盟友，扫除北约东扩的障碍，以达到在地缘战略上遏制和围堵俄罗斯的目的。为此，他们秘密武装、资助和培训了在塞尔维亚境内的科索沃地区的阿尔巴尼亚族的分裂主义分子，组成“科索沃解放军”，通过武装斗争的暴力手段实现科索沃独立的目标。在南联盟的领导人坚决拒绝了北约国家的不平等的“和平协定”之后，后者便悍然发动了对南联盟的侵略战争。

（2）作伪成为转折点。

科索沃问题从一个南联盟国内的危机上升为一场北约国家直接出兵参与的侵略战争的转折点是美国策划的一次高曝光度的作伪，即欧洲安全与合作组织（以下简称欧安组织）的代表对于一场科索沃解放军与塞尔维亚警察部队之间爆发的一场战斗所作的作伪。事情的真相是这样的：1999年1月中，塞尔维

---

〔1〕　参见朱金平：《科索沃战争风云》，解放军出版社2001年版，第256—257页。

〔2〕　参见朱金平：《科索沃战争风云》，解放军出版社2001年版。

亚警察部队在科索沃南部执法时遭到科索沃解放军的攻击，双方所在的拉察克村爆发大规模冲突。在激烈的战斗中，有数十名身着统一军装的阿族非法武装分子被打死。这充分说明，这场交火是作为主权国家的塞尔维亚针对其境内的非法武装恐怖分子所进行的合法的国家执法行动。但是，这场事实清楚的战斗在美国人及其代理人的眼里却变成了另一个完全不同的事件。欧安组织在进行调查之后在记者招待会上公然进行了作伪。调查组组长、美国退役将军沃克尔宣布：拉察克村发生了屠杀平民事件，共有45名阿族居民丧生，他们没有武器，没有穿军装，很可能是当地居民。沃克尔的讲话通过西方主流媒体迅速传播开来，美国和北约其他国家的领导人不加核实，即刻对其表达了强烈的愤慨，并随后将这次战斗定性为塞尔维亚对阿尔巴尼亚人实施种族灭绝，并以此为基础启动了入侵南联盟的战争计划。〔1〕

（3）作伪的性质。

这个作伪是明显的掩盖性作伪和篡改性作伪，即在掩盖了事实真相的同时又篡改了事件的性质。但是，由于西方主流媒体的介入，这些肆无忌惮的作伪的效果被严重地放大了，形成了一边倒的舆论压力，使正当执法的作为主权国家的塞尔维亚变成了实施种族灭绝的恶人和罪人，使频频发动恐怖袭击的非法的分裂主义分子科索沃解放军变成了值得同情的受害者。可以说，西方的主流媒体是这场作伪的同谋。在黑白颠倒之下，北约国家对塞尔维亚进行军事侵略的“合理而正当”的借口也

〔1〕 参见朱金平：《科索沃战争风云》，解放军出版社2001年版，第9页。

随之而出。作伪为战争提供借口的功能被充分而有效地发挥了出来。

具有讽刺意味的是，在2015年2月，总部设在海牙的联合国国际法庭裁定，因被指控为犯下种族灭绝罪行而被非法逮捕、监禁和审判的前塞尔维亚总统米洛舍维奇没有犯下种族灭绝罪行。虽然还给了米洛舍维奇一个迟到的公道，但是由种族灭绝的作伪而引发的侵略战争已经结束，屠杀和政治分裂已经成为事实，作伪的罪恶已然变成了难以更改的历史事实。

2．伊拉克战争

2003年3月至2011年12月期间进行的伊拉克战争是以美国为首的西方国家发动的伊拉克的一场大规模的侵略战争。这是一场美国在没有联合国授权的情况下对一个主权国家发动的侵略战争，是一场非法的侵略战争。

在伊拉克战争中，以美国为首的西方国家制造了形形色色的作伪，可谓是美国作伪的集大成者。现举几个例子。

（1）作为作伪的“洗衣粉事件”。

2003年2月5日是对于美国、世界乃至整个人类的作伪历史都堪称是具有里程碑意义的一天。

①“洗衣粉事件”的发生。

在这天举行的联合国大会上，时任美国小布什政府的国务卿鲍威尔在全世界的密切瞩目之下，手里握着一小瓶白色粉末，信誓旦旦地宣称美国拿到了伊拉克拥有化学武器的证据。2007年俄罗斯总统在接受采访时说，鲍威尔摇晃的那一小瓶不明物质，说是化武证据，里面搞不好是洗衣粉，从此，这次事件便被称为“洗衣粉事件”。[1]

这一小瓶来历不明的试剂瓶成为一个半月之后由美国领导的西方联军发动针对伊拉克的大规模军事入侵的直接借口，或者说鲍威尔手中的一小瓶白色粉末导致了以美国为首的西方国家发动了对伊拉克的侵略战争。这次作伪是由美国政府第四位最有权势的高官在联合国这样的最高等级的国际舞台上进行的，作伪的“规格”是极高的，尤其重要的是，通过“洗衣粉事件”，作为国际政治工具的作伪将其战争引爆点和催化剂的功能演绎到了戏剧化的极致。[2]

② “洗衣粉事件”的后果。

作为这次“洗衣粉作伪事件”的直接结果，导致上万名伊拉克士兵阵亡，约20—60万伊拉克平民在伊拉克战争中被杀死，造成多达480万伊拉克难民散落世界各地，直接和间接的经济损失高达2万亿美元。[3]

---

〔1〕 美国军队在入侵伊拉克之后，便一直在极力寻找化学武器的线索，但直到战争结束仍然一无所获，不得不承认所得的伊拉克拥有和生产化学武器的说法是没有事实根据的，这也等于承认了“洗衣粉事件”是个作伪事件。参见 Corn, David, *The Lies of George W. Bush: Mastering the Politics of Deception*, Crown Publishers, 2004，p.236；参见 Rampton, Sheldon & Stauber, John, Weapons of Mass Deception: The Uses of Propaganda in Bush’s War on Iraq, Penguin Books, 2003，pp.80-90。

〔2〕 虽然在“洗衣粉事件”之前，时任美国总统小布什、国防部部长拉姆斯菲尔德和各个部门的情报官员等都在大肆宣传伊拉克拥有大规模杀伤性武器这个谎言，但是它们都没有“洗衣粉事件”这样引人注目、高调和“有说服力”。参见 Corn, David, *The Lies of George W. Bush: Mastering the Politics of Deception*, Crown Publishers, 2004，pp. 231-237。

〔3〕 参见环球网、参考消息网、人民网、Le Figaro 网站、CNBC 网站等媒体的相关报道。

②“洗衣粉事件”的性质。

“洗衣粉事件”是美国要掩盖以美国为首的西方国家欲霸占伊拉克和中东的石油资源和推翻不听从美国霸权的国家的真实目的，进一步掩盖美国所声称的攻击伊拉克是为了民主和自由、反对独裁者的作伪。

“洗衣粉事件”是一场最高规格的造假性作伪。虽然作伪本身根本就经不起推敲，但是十分高级的直接作伪者和作伪场合都提高了其可信度，一时使许多人难辨真假，国际舆论受到了误导、欺骗和愚弄。但是，这次造假性作伪是经不起推敲的。在美国占领了伊拉克全境之后，并没有找到包括化学武器在内的大规模杀伤性武器。“洗衣粉事件”更加成为世界性的笑柄。

（2）推倒萨达姆雕像事件的作伪。

推倒萨达姆雕像事件是伊拉克战争期间的又一个广为传播的“著名的”作伪事件。

①推倒萨达姆雕像事件

在以美国为首的西方联军攻陷伊拉克首都巴格达之后，美国和西方的主流媒体直播了伊拉克民众推倒位于巴格达市中心广场的萨达姆塑像的画面。这被宣传为伊拉克民众对美军推翻萨达姆独裁政权以及所带来的自由与民主的兴奋和感激的自发行动。但是，这次事件又是一起美国政府幕后导演的作伪行为。

②推倒萨达姆雕像事件的作伪性质。

据当时受雇于美国国防部的公关公司负责该事件的公关人员事后爆料：在推倒萨达姆雕像之前，大量美军坦克已经将该广场严密封锁，仅让花钱雇来的200名伊拉克人进入广场，所有的镜头都是按照事先写好的剧本摆拍的。[1]

推倒萨达姆雕像事件是一桩假象性作伪，其目的是向美国人和其他国家的民众展示美国发动的对伊拉克的侵略战争是受到伊拉克人普遍欢迎的，以此来掩盖这场侵略战争非法和野蛮的本质，以及包括“洗衣粉事件”在内的所有作伪谎言和造假。

六、作伪是网络恐怖主义的一种形式

除了成为某些国家发动各种规模的侵略战争的有机组成部分之外，在互联网时代，作伪也是新型的恐怖主义即网络恐怖主义的不可或缺的构件，并且在许多情况下，作伪本身就是一种网络恐怖主义。

网络恐怖主义包括三种行为，即网络心理战、黑客战和网络袭击战。网络心理战就是通过制作和传播作伪来达到特定的政治和宗教目的的恐怖主义行为。而在网络恐怖主义的实践中，网络心理战、黑客战和网络袭击战之间并没有明确的角色隔阂，往往都是由同样一伙恐怖分子实施的。可见，作伪本身就是网络恐怖主义的有机组成部分和核心构件。

虽然网络恐怖主义经常被用来指以非国家为组织实体的以互联网为主要阵地的恐怖主义，但是越来越多的资料证实，以美国为首的西方国家是许多实行恐怖主义的极端主义集团的幕后金主和支持者。例如，曾经世界上最大的恐怖主义组织，本·拉

---

〔1〕 参见 Rampton, Sheldon & Stauber, John, *Weapons of Mass Deception: The Uses of Propaganda in Bush's War on Iraq,* Penguin Books, 2003，pp. 3–6。

登领导下的基地组织就是美国为了打击苏联和俄罗斯而资助、培训和成立的。活跃在其他国家和地区的恐怖主义组织基本上都有同本·拉登同源。这些恐怖主义组织同时也是网络恐怖主义者，网络成为它们实施各种恐怖主义攻击行为的重要平台。因此，以美国为首的西方国家作为网络恐怖主义的发起者和支持者的角色是无法被否认和洗清的。

七、作伪的新方式

虽然在目的上并没有发生变化，但是互联网时代给在国家之间进行的传统的舆论战和信息战带来了形式、载体、效率和效果上的巨大提升。以下以认知战为例。

近年来，以美国为首的西方国家开始出现认知战的提法。认知战的目的是影响和扭曲人们对某些事件的事实性的认知，在掩盖和践踏事件的事实性的基础上接受被特定的意识形态和政治目的人为包装了的认知。因此，从其内容和功能上看，认知战实际上就是传统的舆论战、信息战和网络战的综合体和代名词，是在互联网时代的以作伪为核心内容和方式的混合战争的一种。

在人类历史上，竞争国家和敌对国家之间的舆论战古已有之。国家之间进行舆论战的本质并不是进行信息沟通，而是要通过舆论向对方分布错误的信息，从而影响决策层和民众的心理状态和认知，误导其进行错误的决策，从而促使对方在实际的政治、经济和军事较量和博弈中处于下风。

向对方传播假的和错误的信息的行为和过程，也就是信息战，信息战和舆论战是密不可分的。而在舆论战和信息战中，各种谎言和造假即作伪是它们的核心内容。通过舆论战和信息战传播出去的作伪能为国家利益、国家行为以及战争的准备和发动正名，占据道德高地，把侵略者打扮成受害者。而这个过程就是对事实和事实性的扭曲和篡改，就是对行为事实的践踏，就是作伪行为。

进入互联网时代，网络成为舆论战的新战场。在网络上进行的网络战，虽然相比于历史上的舆论战和信息战并没有发生本质的变化，但是网络战带来了形式、载体、效率和效果上的巨大改变，实现了对舆论战和信息战的升级。

1．作伪与“颜色革命”的本质

“颜色革命”是指在外部势力通过作伪来操纵一个国家内部的反对势力以对现政府进行干涉、打击和颠覆的（非）暴力性的暴乱〔1〕或者政变。“颜色革命”是互联网时代通过作伪而爆发的对目标国家进行干涉、打击、颠覆和取代的新的国际政治行为方式。“颜色革命”有几个基本要素，即目标国家的内部问题，以互联网为平台的作伪，煽动和资助目标国家内部的反动派势力，（非）暴动或政变行为，对现有政府进行冲击和颠覆，最后推翻和取代现有政府。除了这些形式上的要素之外，作伪的内容是“颜色革命”的核心。从历次“颜色革命”的实践中我们不难总结出这样的事实，即作伪的根本内容就是根据

---

〔1〕 按照美国的设计，“颜色革命”中的暴乱应该以非暴力的形式举行，但是在暴乱爆发之后，非暴力行为上升为暴力行为是不可避免的，而美国也会在适当的场合和时机鼓励暴力的使用，以达到预期的目的（参见 Engdahl, William, *Armageddon: The Secret Agenda of Washington's New Cold War*, Penguin Books, pp. 86-87）。

以美国为首的西方国家的意识形态和国家利益对目标国家发动颠覆性的宣传。

通过“颜色革命”，外部势力轻则对目标国家的内政进行干涉和破坏，重则对其合法政权进行颠覆、推翻和取代，其最终的目的就是改变目标国家的意识形态、发展走向和行为模式，使其进入以美国为首的西方国家的阵营和圈子，从而成为按照以美国为首的西方国家的意愿行事的喽啰国家。

（1）东南欧和中亚国家的“颜色革命”

在20世纪末和21世纪初所爆发的东南欧和中亚国家的“颜色革命”中，在贝尔格莱德爆发的骚乱是个典型案例。现做一提纲挈领的回顾。

2000年，在前南斯拉夫塞尔维亚共和国首都贝尔格莱德街头爆发了大规模的骚乱，骚乱的主要参与者是大学生，这场骚乱推翻了米洛舍维奇政府。这场骚乱标志着美国进行秘密战争手段的改变，即从美国情报人员的直接参与，到通过国际媒体和互联网进行作伪，借受到误导和欺骗的当地民众之手而进行的秘密而间接的颠覆活动的转变。

这次塞尔维亚暴乱的口号是“Gotovje”（塞尔维亚语）。“Gotovje”（塞尔维亚语）是针对当时的塞尔维亚的执政者米洛舍维奇及其政府，同时也是针对塞尔维亚的以共产主义为基础的国家意识形态的。当学生们在街头高喊“Gotovje”（塞尔维亚语）的口号时，他们心中憧憬着的是美国式的民主、自由和人权，是美国人的生活方式。

这次骚乱的主导者是美国国务院，由美国当时驻塞尔维亚大使具体指导，大使的官邸是骚乱的领导中心。全资资助者是美国的国家民主基金会。虽然国家民主基金会表面上是非政府组织，却是由美国国会和国务院直属领导和拨款的专门在海外推销“民主”的政府机构。为了这次骚乱，美国政府共花费了4100万美元。这些资金用于雇佣各种顾问，以进行民意调查、训练成千上万的暴力分子、购买印刷传单的涂料和纸张、向暴力分子发放活动经费和奖金等。

参加骚乱的群体是受到互联网和手机短信煽动和指挥的容易受到误导和欺骗的“新一代”年轻人，这些年轻人受到互联网上的“美国生活方式”的影响，为了幻觉而在不知不觉中成为暴力分子和美国阴谋的工具。塞尔维亚骚乱取得成功的重要因素正在于互联网所发挥的作用，这种作用是之前的美国特工所没有使用过的。可见，塞尔维亚骚乱将因为出色的互联网功能而成为网络作伪的典型案例。〔1〕

在塞尔维亚骚乱取得成功之后，美国将其在格鲁吉亚进行了复制，用同样的方式推翻了谢瓦尔德纳泽政府，将美国的代理人萨卡什维利推上了总统的位置，完成了所谓的“玫瑰革命”。之后，美国又如法炮制，在乌克兰实现了“橙色革命”，推翻了亚努科维奇政府，扶植了一系列美国利益的代理人连续占据总统的位置，甘当美国和北约封锁、遏制和挑战俄罗斯的桥头堡和前哨站，这些美国和其他北约国家火中取栗的行为都为后来的俄罗斯针对乌克兰展开的特别军事行动埋下了伏笔。

美国是整个“阿拉伯之春”的真正策划者和导演，欧洲国

〔1〕 参见 Engdahl, William, *Armageddon: The Secret Agenda of Washington's New Cold War*, Penguin Books, 2008 等。

家仅仅是配合者。“9·11”事件之后，美国对北非和中东战略发生了重大的调整，由压制转而支持在民间有重大影响力的伊斯兰势力执政，以取代传统的世俗腐败政权。落实这种战略调整的正是通过由作伪而引发的民众暴动而实现的，在民众暴动中受到美国支持的军方辅佐伊斯兰势力在幕后进行了军事政变，完成了政权更迭。这一系列政治动荡给北非和中东国家带来的并不是民众预期的“民主”，而是国家和民众的惨重损失。这些国家参与暴乱的民众在不知不觉中充当了为美国利益火中取栗的打手的角色。这一切都是精心设计和巧妙实施的作伪的成果。

现将一些典型的骚乱中的作伪事件进行简略的回顾。

① 利比亚骚乱。

于 2011 年 2 月爆发的利比亚骚乱的燃爆点是东部部落对以南部部落为基础的卡扎菲统治的不满。这种不满久已有之，能够在这个节点爆发的原因在于以美国为首的西方国家利用互联网发动的一波新的针对卡扎菲的作伪挑拨和攻击。这些在网上大量传播的作伪信息、视频和文章揭开和激化了部族矛盾的旧伤疤，在当时正在进行的其他北非国家的“颜色革命”的影响和境外势力实施的互联网作伪的迅速发酵，并导致了事件的升级，促使东部部落发起了对卡扎菲政权的武装暴乱。西方媒体不断有报道声称利比亚政府军向平民开枪，这严重激化了矛盾，使武装骚乱迅速升级为内战。[1]事实证明，这些报道都是谎言，都是造假性作伪。这些作伪不仅欺骗了利比亚人民，也欺骗了

〔1〕 Denece, Eric, *La Face Cachee des Revolutions Arabes*, Divas International Paris, 2012，p. 109. 在利比亚骚乱和内战的整个过程中，西方媒体通过互联网和卫星电视散布了大量的作伪信息和假新闻，对利比亚局势起到了关键性的影响。

联合国，促使联合国通过了在利比亚设立禁飞区的决议[1]，使美国、英国和法国的战机可以堂而皇之地入侵利比亚的领空。

在利比亚暴乱中，外部势力的大规模的政治和军事干涉是一个重要的因素，而美国是推翻卡扎菲政权的幕后主使。虽然卡扎菲在进入21世纪之后开始改善与西方国家的关系，在反恐问题上与后者进行了合作，但美国仍然要推翻卡扎菲政权，将利比亚变成美国在北非的卫星国，而这种政策的重要意图之一是阻止中国在非洲日益增强的影响力，运用军事和战略优势限制中国在非洲获得自然资源和能源，以放缓中国经济的发展速度。可以说，利比亚骚乱虽然受到“阿拉伯之春”的影响而爆发，但其本质却是美国在全球遏制中国的大战略的一步棋。而在利比亚骚乱中，英、法、德等欧洲国家则再次充当了美国遏制中国行动的追随者和帮凶。

除此之外，卡扎菲提出的一系列旨在保护非洲大陆矿产资源和开发权，成立北非经济和货币联盟以阻止以美国为首的西方国家的经济掠夺以及美元霸权的系统性的措施，也都被美国视为必须加以根除的眼中钉肉中刺。这也解释了为何以美国为首的西方国家在利比亚骚乱中投入了最大的资源和做出了最大的努力，甚至直接动用空军力量参战的深层的行为动机。

在所有的北非和中东国家的“颜色革命”中，只有利比亚爆发了内战，而且利比亚受到的政治打击是最大的，其经济上的损失也是最惨重的，对国家存在状态的负面冲击也最大。战争使利比亚从一个富裕和稳定的国家迅速退化成为一个贫弱的

---

〔1〕 Engdahl, William, *Fake Democracy,* Penguin Books, 2017, p. 184.

国家。可以说，利比亚是这波“颜色革命”的最大受害者。

②叙利亚危机中的作伪。

西方媒体长期以来将叙利亚阿萨德政府视为作伪的目标国家，从两个方面进行持续性的作伪。一方面对阿萨德政府进行作伪攻击，对其进行长期的抹黑，而掩盖了阿萨德政府受到叙利亚大多数民众支持的事实，这些作伪属于掩盖性作伪和篡改性作伪；同时在另一方面则极力美化境外的反对势力，将其打扮成最合法的和最接近民主理想的势力，而实际上这些钩心斗角的各个反对派远非爱好和平和民主的力量，这些作伪同样属于掩盖性作伪和篡改性作伪。

叙利亚危机的升级始于2011年3月，叙利亚反对派开始对叙利亚的警察和军人进行恐怖主义袭击和屠杀，由外国势力的介入而演变为内战。在叙利亚危机中，西方媒体，包括电视台和互联网，和受到西方国家资助的阿拉伯地区电视台，如卡塔尔半岛电视台，对叙利亚政府持续进行作伪攻击，对动乱起到了推波助澜和煽风点火的关键作用。北约甚至直接出动海陆空力量对叙利亚政府军进行打击。但是，在叙利亚总统阿萨德的领导下，叙利亚人民没有向西方国家屈服，虽然战争使国家山河破碎，但叙利亚保持住了国家的独立和主权。

在叙利亚战争中，有一件作伪事件引起了世人的关注，这就是“白头盔”事件。在叙利亚战争期间，在西方媒体上不断出现叙利亚政府军对平民使用化学武器的血腥视频。这些视频中频频出现被化学武器攻击过的医院和学校以及受伤的平民和学生，随后便出现戴着白头盔的国际志愿者对这些受害者进行人道主义救援和医治。但是，一段时间之后便有叙利亚和外国

（俄罗斯）媒体爆料，这些所谓的化学武器袭击事件都是由以美国为首的西方国家的非政府机构人为导演和拍摄的虚假视频。

“白头盔事件”是互联网时代典型的造假性作伪，旨在欺骗世界舆论，栽赃陷害叙利亚政府，以达到使叙利亚战争升级和促使西方国家加大对叙利亚政府的军事打击力度和给分裂分子提供更多援助的目的。而“白头盔事件”的去伪方式则是典型的自我去伪。通过作伪组织内部的内讧导致作伪事件曝光，使整个作伪事件通过自我去伪成为无效作伪。

③维基揭秘网站的关键性作用。

需要强调的是，在“阿拉伯之春”的一系列暴乱中，网络起到了关键性的甚至是决定性的作用，而其中维基揭秘网站的作用尤其突出和惹人注目。每当网民的情绪被网上和电视等媒体的作伪煽动起来之后，西方媒体便会及时地公布政府的高官甚至总统本人的一些秘密交易的爆料，每次都能在很短的时间内将民众的不满升级为街头抗议，再到暴乱。〔1〕以美国为首的西方国家通过互联网对阿拉伯民众的情绪和行为的影响和效果是如此之大之迅速和轻而易举，以至于“阿拉伯之春”被屡屡冠以“傻子革命”的头衔。

（3）“颜色革命”的套路。

从东南欧、中亚国家、北非和中东国家等国家和地区所发生的一系列骚乱事件中，我们可以总结出以美国为首的西方国家进行“颜色革命”的基本套路，也能解析出它们针对目标国家所经常采用的作伪攻击的类型。

〔1〕 Engdahl, William, *Fake Democracy*, Penguin Books, 2017，p. 13.

①“颜色革命”的行动步骤。

事实证明，以美国为首的西方国家推行“颜色革命”是有固定的套路的，这些套路在东南欧和中亚国家的“颜色革命”中被成功地使用过，在“阿拉伯之春”中也被复制。

这些固定的套路包括：

第一，发现问题。美国等西方国家的专家善于观察和捕捉潜在的目标国家国内民众对某些问题尤其是热点问题的不满和对社会及政府的抱怨。这是进行作伪的逻辑起点，也是潜在的“颜色革命”和制造混乱的燃爆点。

第二，操纵舆论走向。从热点问题开始，美国政府通过非政府组织雇佣“公知”和捉刀人采取由点及面的方式编造谎言和作伪，并在网络上大肆流传，形成目标国民众对政府怀疑、质疑甚至敌意的舆论环境，造成社会的不稳定。这个阶段的作伪是对后来的“颜色革命”所做的舆论准备和心理铺垫，具有承上启下的关键作用。

第三，引爆爆发点。根据形势的变化，在某些热点问题上加大作伪的力度和规模，利用民众的不满和取代，挑动“革命”，通过经专门培训的领导者发起、组织、领导和资助学生和社会闲散人员在街头进行（非）暴力的抗议行为。

第四，军事化实施。美国利用互联网和智能手机对骚乱的操控除了作伪之外，不仅具有军事化的典型特征，而且在很多情况下就是美国的“军事领域革命”在民间的实际应用。这种战术把暴力分子分成高度机动的小组，按照实时收到的情报采取行动，在情报头盔视频摄影的帮助下，即刻获知周边环境的总体局势，然后占领城市街区。最后使这些人成群结队地涌向指定的十字路口，通过手机保持联系。这是典型的军事巷战的民间应用。[1]

第五，国际媒体报道。在骚乱发起后，美国和西方的主流国际媒体便开始进行轰炸式的报道，重点展示手无寸铁的骚乱人员的无辜和美好追求，将暴力分子包装为“民主斗士”和无辜的受害者，严厉谴责执法人员的暴力执法和政府的腐败、专制和独裁，以图主宰国际舆论的同情和支持。国际媒体的持续的报道实际上是一种作伪行为，采取的是掩盖性作伪、篡改性作伪和造假性作伪的结合体。有了国际媒体的“承认”，暴乱分子才能在本国和本地区得到巩固，才使他们获得了全世界都在关注和支持他们的幻觉。

第六，境外势力的干预。有了国际舆论的作伪包装，通过破窗效应和升级效应，骚乱的“正义性”和“道德性”便出现了，在此基础上便可以呼吁西方国家进行硬性的行为干预了。于是，美国等西方国家便会出动军事力量对目标国家进行军事打击和侵略，用军事手段直接推翻现有政权，并扶植新的代理人把握国家政权。

可以看出，在骚乱的每一步行动步骤中，作伪都是当仁不让的主题。从头至尾，以美国为首的西方国家的政府官员、特工人员和新闻媒体进行密切的配合，上演一幕幕的作伪闹剧。

八、作伪与混合战争

虽然“颜色革命”是以美国为首的西方国家针对所有类型

〔1〕 参见 Engdahl, William, *Armageddon: The Secret Agenda of Washington's New Cold War*, Penguin Books, pp. 88–89。

的目标国家而设计和进行的，但是从效果来看，“颜色革命”对于中小型的实力较弱的国家更能产生预期的效果，而对于更有实力的大国和强国则收效甚微，起不到引发暴力和推翻现有政府的预定目标。于是，对于发动“颜色革命”无效的国家，一种新的以作伪为先导的更有力度和更猛烈的打击方式——“混合战争”便应运而生了。

实际上，“混合战争”是一种信息时代的新的战争概念，是软性战争和硬性战争的混合体。它最早是由美国人在2009年提出的，之后俄罗斯对其进行了进一步的发展和完善，同时也受到了其他国家的关注。

传统的战争概念是指国家之间的军队的直接对抗、冲突和打击。作为现代战争概念出现的“混合战争”则突破了战争的单维性，而将国家之间的政治、外交、金融、经济、舆论、网络等软性手段的直接攻击都视为战争，都作为战争手段来加以使用。混合战争的最突出特点就是将软性的舆论战和网络战都视为战争手段，而舆论战和网络战的核心就是作伪。因此，在很大程度上，“混合战争”是将作伪作为战争手段来使用的战争概念。在混合战争中，政治战、经济战以及舆论战和网络战都将被极限使用，发挥其最大的效能，将其各自对敌国的打击效果推向最大化。

第四节　作伪对于作伪目标国家的功能

如果说作为攻击方的作伪发起国的目的是要通过发动作伪来对目标国家进行打击的话，那么这些处心积虑的打击就要从作伪目标国家所受到的打击效果来体现了。而作伪其实能够对作伪目标国家起到打击的功能。

一、作伪可削弱国家的形象、软实力和行为的可能性

作伪对作伪目标国家的直接打击体现在对其形象的负面影响之上。虽然人们也知道作伪所做出的指控并不一定就是事实和真相，但是根据认知心理学，人在接到强烈的信息时会即刻做出强烈的心理和认知反应，也就是说，不管收到的信息是否是事实和真相，都会给人留下深刻的印象，而作伪发起国所要达到的效果就在于此。如果作伪目标国家能够迅速发起披露事实和澄清真相和采取去伪行动，那么作伪有可能起不到预期的效果，作伪有可能变成了无效作伪；而如果作伪目标国家不能及时采取去伪行动，那么作伪便变成了有效作伪，作伪目标国家变成了作伪的受害国，作伪发起国的预期目标便全部或部分地实现了。

如果作伪目标国家变成了作伪受害国，那么不仅它的国际形象会被抹黑，其软实力〔1〕也会受到损害。在软实力受损尤其是持续受损的情况下，作伪受害国在国际关系中采取的各项

〔1〕 软实力（soft power）是美国政治学家约瑟夫·奈于1990年提出的概念。他认为，软实力也是一种能力，是一个国家除了传统的军事实力和经济实力等硬实力之外的另一种国家实力。软实力包括七种内容：一是文化的吸引力和感染力，二是意识形态和政治价值观的吸引力，三是外交政策的道义和正当性，四是处理国家间关系时的亲和力，五是发展道路和制度模式的吸引力，六是对国际规范、国际标准和国际机制的导向、制定和控制能力，七是国际舆论对一国国家形象的赞赏和认可程度。（参见 Nye, Joseph S. Jr., *Hard and Soft Power*, The Michigan University Press, 2005；洪鼎芝：《信息时代：正在变革的世界》，世界知识出版社2015年版。）

行动的空间便会受到挤压，所能取得的效果也会打折扣。

二、受到道德杀伤

近现代的国际关系体系并不是道德观主导的国际关系体系，负面的国家道德力量[1]是重要的国家行为方式，并且是塑造国际关系的主要力量。但是，作为负面的国家道德力量的表现方式之一的作伪却经常以道德悖论的方式来对作伪的目标国家进行攻击。这是国际关系中的一个奇特现象。

如前所述，作伪发起国使用作伪来攻击目标国家的基础之一是在利用道德悖论，这是对道德和目标国家的双重践踏。如果目标国家不进行有效的去伪，那么目标国家将成为道德上的罪人，成为双重道德诬陷的受害者，承受了双重的道德杀伤。尤其是在破窗效应形成之后，作伪所造成的道德杀伤便会变得不可逆转并形成国际舆论和认知上的共识，这将必然导致对目标国家的歧视观念，而这种歧视观念一旦形成便很难被消除和抹去。虽然国际社会都是建立在实力基础之上和讲求绝对实力的社会，但是一个在道德上有严重缺陷、受到普遍歧视和受到一致谴责的国家在国际社会上一定是举步维艰的，将在行使国家行为时承受巨大的逆风和层层障碍。因此，任何国家都不能低估道德杀伤的杀伤力和其所能带来的负面影响。

可以说，对一个国家的道德杀伤是比抹黑其国家形象和削弱及打击其软实力更为严重的系统性损害。

---

〔1〕　关于负面的道德力量及与其相对应的正面的道德力量，可见本书第八章的阐释。

三、国家行为和国家的存在状态受损

在作伪目标国家没有进行有效的去伪的情况下，作伪目标国家就会转化为现实的作伪受害国，其国家行为和国家的存在状态受到损害。

（一）限制和削弱国家行为的可能性和可行性

除了在道德层面上严重受损之外，作伪的受害国在现实层面的国家利益的实现和扩展时同样会遭到巨大的阻力，遭到巨大的破坏，与其他国家实现合作时变得十分困难，会削弱其国家行为实现的可能性和可行性。

（二）降格国家的存在状态

国家存在状态是一个国家在国际社会和特定的国际生态环境中的地位、受到的待遇、对其他国家和国际事务的影响力的综合反映。一个国家的存在状态是由其意识形态、综合实力、行为模式、历史沿革等硬实力和软实力综合作用的结果。一个国家的存在状态一旦形成便会相对稳定地延续下去，直到下一场大规模战争的出现。也就是说，战争对于国家存在状态的形成具有重要的甚至是决定性的作用。

一个国家如果受到持续性的作伪攻击而无法进行有效的去伪，它就必然成为作伪受害国，而作伪受害国的国家存在状态也必然在持续的舆论冲击之下而发生下降。历史事实显示，当一个国家的存在状态下降之后，它在很长时期内都将难以得到修复和补救。这种国家存在状态下降的情况显然是任何国家都不愿看到的。

关于一个国家的存在状态的下降和作伪与下降的关系，晚清就是一个典型的例子。作为“天朝大国”，无论是自我感觉还是其他国家的评价，清朝的地位/国家存在状况都是一流的，应该相当于或者接近于现在所说的超级大国。然而，从1840年开始在不断输掉与西方列强的战争之后，特别是1895年输掉与新兴的亚洲国家日本的甲午战争之后，清朝的地位/国家存在状态开始一落千丈，从“天朝大国”跌入了“半殖民地半封建”，西方国家和日本的媒体开始了对清朝和中国人的蔑视，其中许多是作伪性的污蔑，致使中国和中国人在国际社会中的形象和地位跌到了谷底。这种偏见一旦形成就很难改变和纠正过来，以至于在中国已经处于伟大复兴的21世纪，有些国家仍然用一百年前的旧眼光来看待中国。可以说，从晚清开始，中国便是西方国家针对的长效作伪的受害者。

四、成为各种敌对行为的打击对象

前述的道德杀伤、国家行为和国家存在状态的受损都是在作伪的受害国所承受的作伪打击的直接后果，作伪还能够带来更为严重的后果，那就是受到作伪发起国及其同盟国，即相信作伪发起国的作伪的国家，实施的下一步的政治、经济、金融和军事上的打击。

在破窗效应和升级效应的共同作用下，作伪发起国及其同盟国会对作伪受害国群起而攻之，将谴责升级为实际的政治、经济、金融和军事打击，而从另一个角度来看，作伪受害国则成为它们进一步去实际地打击的受害国，从作伪受害国升格为制裁受害国甚至军事侵略的受害国。

第五节 作伪对国际关系的影响

作伪对国际关系可以产生巨大的冲击和影响。但是，人们对作伪的这种冲击和影响往往加以低估甚至忽略。这是一个巨大而严重的认知误区。事实上，作伪不仅在国际关系中产生软性的破坏作用，也可以发挥从软性攻击向硬性攻击进行过渡的桥梁作用，同时，作伪也是实体战争的有机组成部分。

一、作伪对国际关系的软杀伤

从以上对作伪的各种功能的解析中我们可以看到，作为建立在道德悖论基础之上的作伪是一种负面的国际政治行为，其频繁和大规模的应用在对目标国家造成伤害的同时，只会对国际关系的稳定和正常运行起到干扰和破坏的作用，对世界和平和稳定，对各国的经济发展和繁荣是个巨大的冲击和威胁。在核时代，作伪的这些负面作用具有重大的危险性。因此，作伪是国际关系的一个毒瘤，必须加以清除。

二、作伪可以转化为硬杀伤

如前所述，作伪具有扩展性和转化性。也就是说，作为软杀伤手段的作伪可以通过破窗效应在力度和规模上进行扩展，并且通过升级效应使其性质进行升级，完成从软杀伤手段向硬杀伤手段的升级和转化。

由于作伪具有扩展性和转化性的属性，因此，切不可对作伪的冲击和影响进行低估，否则势必导致作伪在程度和规模上的恶化，并且招致各种硬性手段的打击，甚至启动作伪的第四规律，成为实体战争的借口。

第六章

作伪规律

通过唯实主义对作伪对国际关系的影响和其所实施的功能的唯实解析，结合世界历史和近现代国际关系史的大量历史事实，我们可以总结出作伪对于国家之间关系的意义以及作伪与实体战争之间的六个规律。作伪的六个规律是建立在历史事实之上的客观规律，它们可分为四类：作伪的第一规律是国家之间关系的性质的测试剂；中间三个规律则表明了作伪和战争与和平或者作伪与实体战争爆发之间的因果关系；第五规律则反映了在实体战争爆发之后，作伪仍然会继续进行的事实；第六规律则指明了战争的结局与作伪和历史学之间的关系。作伪的这六个规律从不同的层面揭示了作伪与实体战争之间的逻辑关系、指向功能、进行方式和后果。

一、作伪的第一规律

作伪的第一规律是指一旦两个国家之间出现了作伪，那么这两个国家之间的关系便不是友好的和建设性的，而是不友好的和破坏性的。当两个国家的关系从友好变成不友好时，作伪是必不可少的；而当两个国家的关系从不友好变成友好时，原先的作伪便会消失。也就是说，作伪的第一规律是判断国家之间的关系性质的测试剂（Acid test）。

国际关系史中的历史事实表明，在友好国家之间是不存在作伪的动机、逻辑和土壤等这些负面要素的，即使存在这些负面的要素也会受到国家权力的有效地抑制和化解；而两国之间一旦出现了作伪，便意味着两国的关系中存在着作伪的动机、逻辑和土壤，并且这些负面的要素的升级和释放得到了国家权力的默许、认可和鼓励。

虽然一个国家对另一个国家持有不友好的立场和政策还有许多其他的表达方式，但是作伪却是其中能够发出不友好信息的明确信号。而作伪的这个功能在友好国家之间以相反的方式同样是适用的。实际上，友好国家之间不仅不会出现作伪，而且当作伪出现时，友好国家还会帮助作伪的目标国家和受害国进行去伪反击。这种“偏袒”的行为正是国家之间的友好和友谊在共同去伪问题上的体现。

需要强调的是，作伪是指通过系统性的谎言和造假来进行误导和欺骗的国家行为，而不是由一般的个人和团体做出的谎言和欺骗。

需要说明的是，在两个国家关系恶化和出现了作伪的情况下，作伪攻击往往是相互的，而不只是单方面的。作伪是每个国家都具有的能力。在互联网时代，作伪能力的大小依赖于一个国家的网络技术能力、网络霸权和作伪霸权等要素，但国家的作伪能力是无法被垄断和完全剥夺的。也就是说，国家之间有作伪能力的强弱之分，而不存在有无之别。

二、作伪的第二规律

作伪的第二规律是指当一个国家要对另一个国家发动实体战争之前，总会首先对后者进行软性攻击，而作伪则经常是这种软性攻击的典型方式，并且也是战争实施过程中的重要手段之一。也就是说：实体战争总是以作伪为主要内容和手段的软性攻击开始，并且贯穿于实体战争的整个过程。

作伪的第二规律是对作伪的第一规律的强化，意味着国家之间的不友好关系已经强化到了全面而公开的敌对关系，并且与实体战争发生了直接或者间接的关联。

历史事实显示，作伪的第二规律适用于几乎所有的实体战争，历史上不同时期、不同国家、不同种类的和不同规模的实体战争皆是以作伪为核心的软性攻击开道的。

虽然作伪是作伪的第二规律的主要内容，但对特定的国家发动实体战争之前，攻击发起国对被攻击国家所发起的软性攻击除了作伪之外还包括直接的诋毁、侮辱、谩骂等非作伪形式。在这种情况下，进攻发起国已经不需要用非事实来掩盖自己的真实意图了，而是直接通过恶劣的口头和书面的攻击来暴露和展示自己的真实意图，在软性攻击和硬性攻击以及实体战争之间建立起直接的联系。

三、作伪的第三规律

作伪的第三规律是指实体战争一定会或者只会在针对作伪的目标国家所做出的作伪主题之上爆发。也就是说，实体战争的借口总是来自作伪的主题。

虽然作伪并不一定会导致实体战争，作伪的主题范畴要大于受到实体战争打击的目标，但是，成为作伪的目标国家和作伪主题的出现就等于埋下了未来实体战争的种子、原因和根据。也就是说，作伪主题的出现等于获得了发动实体战争的现实可能性。

作伪的第三规律指明了作伪与实体战争之间的关系，然而，这种关系并不是实体战争的必然性，还不构成发动实体战争的充分条件。作伪转化为实体战争的直接原因还需要经过破窗效应、升级效应和反去伪的出现以及具体的国际形势和地缘政治态势出现明确的危机来进一步酝酿和做实，这些中间因素是将作伪变成实体战争的导火索的必要条件。

作伪的第二和第三规律对于战争与和平的启示是：当一个国家成为作伪的目标国家之时，它便有可能成为实体战争的目标国家，成为受到军事打击的潜在目标。换一个角度来看，这个启示即是：一个国家成为其他国家的侵略或者军事打击的对象时，战争的引爆点一定是在受到作伪攻击的热点主题范围之内。

四、作伪的第四规律

作伪的第四规律是指反去伪[1]主题的出现会成为引爆实体战争的导火索和引爆点。也就是说，反去伪主题与实体战争之间存在着直接对应的因果关系。历史事实告诉我们，反去伪与实体战争之间存在着明确的行为逻辑和因果逻辑，前者为因，

---

〔1〕 对反去伪是以作伪为核心的系列概念中的一个。对反去伪的详细阐述，可见第七章。

后者为果。

如果说作伪的第二和第三规律指出了作伪和战争与和平之间的联系的话，那么作伪的第四规律则建立起了反去伪与实体战争的引爆点之间的直接联系。

反去伪是作伪的强化剂和加强版。作伪所发起的软性攻击被反去伪极大地强化了，达到了软性攻击向硬性攻击乃至于军事打击的临界点。因此，反去伪比作伪能发出更强烈和更明确的信号，成为判断作伪发起国的动机和政治意志的重要指数。

反去伪主题的出现为实体战争的爆发发出明确信号的这个规律说明：当作伪发起国针对作伪的目标国家的作伪攻击进入到了反去伪的层次之后，作伪升级为硬性的国家攻击行为的可能性便得到进一步的强化。反去伪明确地体现了作伪发起国要对作伪的目标国家进行军事打击的意图、意志和决心，在反去伪的主题之中与实体战争之间建立起了紧密而直接的联系，发出了明确的信号，作伪规律被引爆和发生功能的现实可能性变得十分强烈了。

五、作伪的第五规律

作伪的第五规律是指在实体战争的进行过程中，作伪发起国仍然会继续对作伪目标国家和受害国进行作伪攻击，并且攻击的力度和规模会得到强化和扩大。

作伪发起国 / 侵略国家发起的在实体战争爆发之后所进行的这种持续性的作伪攻击不但可以为侵略战争进一步夯实战争的借口，对之前的作伪进行“实证”和强化，还可以为进一步打击作伪受害国提供更广泛而持续性的舆论根据，是对作伪攻击的延续和强化。

军事史和历史事实表明，作伪发起国在侵略战争进行期间所发动的作伪攻击是侵略战争的一种形态，与硬性的军事打击共同构成了侵略战争的维度、手段和战场。持续的作伪攻击与硬性的军事打击都是达到侵略战争目标的不可或缺的手段。

相应地，在实体战争真的展开之后，针对作伪发起国和侵略国家所实施的各种作伪的去伪反击和斗争仍然要进行下去。也就是说，在实体战争进行的过程中，作伪的第五规律是以作伪和去伪的对抗方式进行的，这种双向性是作伪的其他四个规律所不具备的。

六、作伪的第六规律

作伪的第六规律是指赢得战争的国家会将其针对战败国的作伪认定为事实,完成作伪向历史事实和观念事实的合法转化。作伪的第六规律也可被称为战胜者书写历史的规律，体现了战争的结局与作伪和历史学之间的关系。

根据作伪的第一规律，当两个国家关系恶化而成为不友好国家时，作伪攻击往往是相互的，而很少是单方面的。而作伪的第五规律表明，在战争爆发之后，这种相互的作伪攻击会愈演愈烈。作伪的第六规律则表明了战争的结局会对作伪的效果、“合法性”和“权威性”产生决定性的作用。所谓的“成者王侯败者寇”典型地体现在对历史的书写方式之上，体现在历史学之上。历史是由战胜者书写的，而不是战败者书写的。战胜者为作伪进入历史学提供了一个直接、可靠而想当然的捷径。战胜者版本的历史即使充满了错误的认知和作伪，也能够堂而皇之地进入历史学，成为普遍的对历史认知的一部分。

从历史的长周期来看，作伪的第六规律真正体现出了作伪对于历史学的深刻影响及其可怕之处。有多少民族和事件被历史抹去，又有多少对事件的描述掩盖、篡改和否定了历史的事实性。在作伪的第六规律之下，人类历史中又有多少被掩盖了的真相需要被破解、澄清和正本清源。

第七章

去伪与国家安全

作为与作伪相对应的范畴，在作伪不断升级的情况下必然会导致去伪的相应的升级。作伪被作伪发起国提升为实施国际政治攻击的国家战略，相应地去伪也应该是去伪国家进行国家安全防御的国家战略。

第一节　去伪是维护国家安全的最前线

唯实主义认为，作伪是事实性的对抗范畴，去伪是作伪的对抗范畴，而反去伪是去伪的对抗范畴。后一个范畴都是对前一个范畴的否定。这样，在事实性、作伪、去伪和反去伪之间形成了围绕着事实性和非事实之间的对抗和否定的螺旋递进的关系。

一、去伪的本质

作为作伪的对抗范畴的去伪，虽然在功能上与作伪针锋相对，截然不同，但是在许多方面两者有着共性，即它们都直接关乎事实和事实性，只是站在了事实和事实性的反面。

（一）去伪的定义

去伪就是针对作伪发起国所发起的作伪攻击由作伪的目标国家和受害国所采取的具有针对性的辟谣和反击的措施和行为。

唯实主义认为："去伪就是根据历史唯实主义和观念唯实主义的事实性具有绝对性的原则，按照归零重启法来解构国家权力对于历史事实的作伪行为，并且按照事实性的原则来重构被作伪了的历史事实和观念事实，重构以事实性为唯一标准的历史学和哲学史。"〔1〕

此处所说的历史学具有广义性，由于国际关系史也是历史学的重要组成部分，因此，此处的历史学也包括国际关系史。而包括国际关系史在内的历史都是由不断发生的行为事实组成的，作为动态的国际关系的当代国际关系也会不断地成为国际关系史的新的内容，因此，动态的国际政治行为和国际关系也是国际关系史的组成部分。

从哲学层面上看，作伪与去伪既是一对对应范畴，又是一对对抗范畴。两者之间的关系是力与力的碰撞，是冲突性的和没有调和余地的，是一种非此即彼的零和博弈关系。

虽然在哲学上作伪与去伪是零和博弈的关系，但在实践中两者存在着现实性和有效性的问题。也就是说，去伪与作伪在现实中的表现和效果要通过两者具体博弈的结果来加以反映和体现。

从攻防态势来看，作伪与去伪的关系是进攻与防守的关系。

〔1〕　张珂：《唯实主义》，人民出版社2020年版，第105页。

作伪是主动进攻的一方，去伪虽然也有攻击性，却是防守一方，也就是说，去伪所进行的是防守反击。有进攻必然会有防守和防守反击，这是人类行为的规律。力与力之间碰撞的结果可能是作伪的一方占据优势，也可能是去伪的一方取得胜利。去伪能否抵御住作伪的攻击，能否消除作伪所造成的负面影响并不具有必然性，而完全取决于对去伪的措施和行为具体实施的效果。

（二）去伪的种类

与作伪具有纷繁复杂的种类相比，去伪的种类要简单得多。这种现象说明，去伪的种类并不是从作伪的种类派生出来的，在种类上不具备对应性。相比于在形式上花样翻新的作伪，去伪的根据只有一个，那就是提供符合事实性三个标准的事实和事实性。

1．自我去伪与他者去伪

自我去伪是指不需要作伪的目标国家和受害者采取作伪行动而自动失效的作伪。一些作伪只是拙劣的谎言和造假，其粗制滥造的内容根本无法掩盖住事实和真相，而当即使是部分的事实性被公布、披露、曝光和泄漏之后，这些作伪便不攻自破了。

他者去伪是指由他者，包括作伪的目标国家和受害者以及其他的第三方，所采取的作伪措施和行为。

2．点穴式去伪与综合性去伪

在国际关系中，作伪发起者发起的作伪经常是以系列作伪的形式出现的，点穴式去伪就是发现这一系列作伪的要点和要害进行集中去伪反击，当这个要害被去伪之后，整个系列的去伪便会如多米诺骨牌一样相继被去伪。点穴式去伪经常针对战术性作伪、单项作伪和谎言性作伪而实施。及时而准确地实施点穴式去伪可以取得事半功倍的效果，可以迅速地将作伪变成无效作伪，防止它们进一步传播，造成更大的危害和负面影响。

综合性去伪是指作伪的目标国家和受害国所采取的系统性的和长期的去伪行动。当在系列作伪中找不到明显和明确的要点和要害时对整个系列作伪所发起的综合性的去伪行动。在实践中，虽然点穴式去伪能起到事半功倍的效果，然而综合性去伪也是必要的。综合性去伪针对的是战略性作伪、长效作伪和系统性作伪。点穴式去伪是去伪的应急机制，综合性去伪是去伪的长效机制。

通常情况下，将点穴式去伪和综合性去伪进行有机结合，即形成去伪的应急机制和长效机制的有机结合，才能取得更好的去伪效果。

3．短效去伪和长效去伪

根据作伪的有效性，去伪可分为短效去伪和长效去伪。

短效去伪是指可以在短期内可以清除作伪使之变成无效作伪的去伪。长效去伪是指无法在短期内清除作伪的伤害和影响而需进行长期去伪反击的去伪。点穴式去伪往往是短效去伪。它们针对的往往是战术性作伪、单项作伪和谎言性作伪等形态的作伪。

许多针对简单性作伪、单项作伪和战术性作伪的去伪可以在点穴式去伪的反击下变成无效作伪，因此属于短效去伪。而许多战略性作伪、长效作伪和系统性作伪则无法通过点穴式去伪达到使之变成无效作伪的目的，而需要长期进行去伪斗争，因此属于长效作伪。

针对作伪发起者经常采用多种形态的作伪共同发力的行为，作伪的目标国家和受害国需要相应地将短效去伪与长效去伪进行有机地结合，实现立体的去伪反击。

4．有效去伪、部分去伪和无效去伪

去伪是针对作伪而进行的反击，抵御作伪的进攻，去伪的目的是消除作伪的谎言和假象，清除作伪对作伪目标国家和受害国所造成的伤害和负面影响。然而在实践中，所有的去伪并不都会达到去伪的一劳永逸的预期效果，而只有部分的去伪行动会达到预期效果，即成为有效去伪；一些去伪行动只能取得在一定程度上或者部分的去伪效果，即成为部分去伪；而有些去伪行动则无法取得预期的效果，成为无效去伪。

有效去伪、部分去伪和无效去伪是根据去伪行动所取得的效果来划分的，然而，去伪行动的效果却与去伪者的主观行为密不可分。去伪者的主观行为包括去伪所必需的网络技术的拥有和熟练使用；网络平台的硬件设施；去伪者对与作伪事件相关的基本资料和事实性的准备和梳理；作伪攻击对象的防范意识等。

在美苏冷战中，美苏两方都致力于针对对方进行系列的作伪和去伪行为，然而从效果上看，苏联针对以美国为首的西方国家的去伪行动则是个失败的案例，无法消除美国发起的形形色色的作伪攻击，总体上看苏联的去伪基本上是无效去伪。苏联方面的无效去伪在很大程度上是导致苏联解体的重要因素。

5．防范性去伪和事后去伪

对于经常受到作伪攻击的作伪目标国家和受害国，在具体的新的作伪攻击到来之前，可进行防范性去伪。

防范性去伪是指针对作伪发起者所采取的旨在防止其发动去伪行动的去伪措施。作伪目标国家和受害国的强大的去伪能力和警觉的自卫意识可以对潜在的作伪发起者产生威慑和吓阻作用，即使不能完全阻止其再次发起作伪攻击，也可以迫使它们在发起新一轮作伪攻击之前三思而后行。作伪目标国家在去伪方面的成功经验也可以对作伪发起者产生威慑。在实践中，防范性去伪是困难的，因为作伪一方是进攻方，掌握着进攻的主动权，在时机上具有主动性，并且可以对对手所采取的防范性措施进行规避。但是，防范性去伪意味着经常性的作伪目标国家和受害国建立起来了去伪的长效机制，这种去伪的长效机制不仅对于防范性去伪有意义，而且对作伪发生后的事后去伪也会起到重要的作用。

事后去伪是指在作伪已经被发起之后而采取的去伪措施。由于作伪是攻击性行为，而去伪是对攻击性行为的防御和反击行为，因此绝大多数的去伪都是事后去伪。对于建立起了去伪的长效机制的国家，事后去伪和防范性去伪是统一的。在防范性去伪没有阻止作伪的发生时，防范性去伪可迅速转化为事后去伪。

（三）去伪能力等同于国防能力

在信息时代，如果说作伪成为作伪发起国的一种新形态的国家能力和国家实力的话，那么对于其他国家来说，去伪便成为一种新形态的国家能力和国家实力。

1. 作为新的国家实力的去伪

去伪是一种国家权力和国家实力。如果说作伪是一种国家权力的话，那么作为作伪的对抗范畴的去伪也相应地是一种国家权力。如果说作伪代表着国家实力的话，那么去伪同样国家实力的反映和体现。作伪是作伪发起国的一种国际政治国家行为，而去伪则是针对国家安全威胁的自卫性的防御和反击能力。

虽然作伪和去伪作为国家实力的属性在历史上已经有所表现，但是它们在互联网时代则充分地显露和表现出来。在互联网时代，作伪和去伪都是一个国家的综合实力的有机组成部分，是一个国家必备的自卫性防御和反击能力。因此，一个国家的去伪能力应该与其国防能力等同视之，其重要性绝不可被低估。

2．去伪是国家综合实力中的新的维度

在互联网时代，作伪成为作伪发起国的一种新形态的国家能力和实力。相应地，去伪成为一种新形态的国家能力和实力。作伪和去伪的这种功能和定位对传统的国家实力的认知带来了冲击，这种冲击也必然导致新的国家能力和实力观念的变革。

然而，去伪作为国家能力和实力并不是说传统的国家权力观过时了和不再发挥作用了，而是作为新的国家权力的来源为国家权力提供了新的维度，从而丰富了国家的权力组合，对国家的军事力量、政治和经济力量带来了补充。也就是说，去伪使国家综合实力变得更加丰富，而不是取代了传统的国家能力和实力，去伪与传统的国家力量相结合才能使国家的权力组合更加丰富，使国家的综合实力得到加强，变得与时俱进和更加强大。

二、不去伪的危害

作伪对于作伪的目标国家是一种国家安全威胁，能够对目标国家的国家利益造成巨大的伤害，而作伪的这种伤害性的取得是在目标国家无法进行有效的去伪的情况下完成的，也就是说，作伪的目标国家如果能够采取有效的去伪行动，作伪所可能造成的伤害便可能被淡化、削弱和消除。因此，不去伪会让作伪肆虐，产生作伪发起国所预期的效果，从而对目标国家造成巨大的国家安全上的伤害。

（一）去伪的五种情境

当作伪的目标国家受到作伪攻击时，会出现五种情境。第一种情境是在第一时间或者迅速进行去伪反击，并且做得充分和彻底；第二种情境是不做去伪反击；第三种情境是没有即刻或者在短时间内进行去伪，但是去伪做得比较充分和彻底；第四种情境是在短时间内进行了去伪，但是做得不充分和不彻底；第五种情境是没有在短时间内进行去伪，当进行去伪时也做得不充分和不彻底。

第一种情境是理想的去伪，虽然不能保证彻底将去伪变成无效作伪，但是可以使广大客观的信息接受者进行思考，启动对信息的辨别程序，这等于对作伪筑起了一道防火墙，在事实被建立起来之后便可以得到清除作伪的去伪目的，所以第一种情境是有效去伪。很显然，第二种情境就等于完全地默认了作伪，从作伪的目标国家直接过渡到作伪的受害国。第三种情境虽然比较复杂，但也等于部分地默认了作伪，在一定程度上从作伪的目标国家变成了作伪的受害国。第四种情境也等于部分地默认了作伪，也在一定程度上成为作伪的受害国。第五种情境在很大程度上默认了作伪，变成了作伪的受害者。

第二种到第五种情境下的不去伪或者部分去伪都不是有效去伪，都会从作伪的目标国家变成作伪攻击的受害国，让谎言做实，让造假成真。其中，除了第二种情境之外，后三种情境都是通过同一种方式成为作伪的受害者，即都掉入了“沉默螺旋陷阱”。

沉默螺旋陷阱（Silent Spiral Effect）是一个政治学和大众传播理论，由德国学者伊丽莎白·诺依曼在20世纪70年代提出的。概括地说，沉默螺旋陷阱是指，如果一个人感觉到他的意见是少数的，他会倾向于不表达出来。事实上，在国际关系中，沉默螺旋陷阱也可以理解为：当一个国家受到作伪攻击时，如果它没有进行防范性去伪的准备工作，或者对于去伪的成功性缺乏信心，或者畏于反去伪的压力等，它做不出或者不会进行有力去伪反击。而这样做的结果就是那些中性的信息接受者也会慢慢相信作伪，让谎言做实，让造假成真，让自己成为作伪的真正受害者。

（二）国家安全直接受到软性和硬性的伤害

作伪可以通过国际舆论对目标国家的国际形象、软实力和道德属性造成软性杀伤，作伪还可严重破坏目标国家的国际关系环境，使国家的存在状态降格，使其在国际社会中面临举步维艰的困境。作伪更严重的后果是能够为作伪发起者将作伪的软性攻击行为升格为硬性的打击行为，为制裁、遏制和战争提供借口。

（三）破窗效应和升级效应的进一步伤害

作伪除对作伪的目标国家造成直接的软性打击和伤害之外，更强烈的打击是作伪能够形成破窗效应和升级效应对作伪目标国家发起硬性的打击提供口实，受到作伪发起国的实体打击，并且在信息时代的混合战争中，作伪本身也是硬性打击的一部分。

在破窗效应形成之后，作伪所造成的道德杀伤便会变得不可逆转，便会在国际社会中形成舆论和认知共识，形成在短期内难以逆转的偏见。虽然国际社会历来都是建立在实力和强权之上和讲求力量的社会，但是一个在道德上有严重缺陷和受到一致谴责的国家在国际社会上一定是举步维艰的，将在行使国家行为时不得不承受巨大的逆风和层层障碍。因此，任何国家都不能低估道德杀伤的杀伤力和其所能带来的负面影响。

作伪所带来的对一个国家的道德杀伤是比抹黑其国家形象和削弱及打击其软实力更为严重的系统性损害。面对这种道德杀伤，作伪的目标国家必须要具有足够的去伪的能力和实力。

（四）不具备自我保护的能力

对国家的硬件要素和软性要素的保护同样是国家安全保护的内容。一个国家的国防能力保护的是国家的硬件要素，包括人口、领土、自然资源、独立、主权等，而一个国家的去伪能力保护的则是国家的软性要素，包括意识形态的合法性和合理性、道德观、文化、行为方式和行为模式等。一个国家的硬件要素需要得到保护，其软性要素同样也需要得到保护。

在国家安全领域，去伪能力与一个国家的国防能力具有同等的重要性。如果国防能力的不足意味着国家无法有效地保护其硬件要素的话，那么去伪能力的不足就意味着国家无法有效地保护其软性要素。两者的不足同样意味着一个国家不具备进行有效地自我保护的能力，无法有效地保护国家安全。

三、去伪能力是维护国家安全的普遍要求

对于作伪的目标国家和受害国来说，作伪是对其可以造成严重伤害的国家安全威胁。由于作伪能对作伪目标国家造成包括国家安全在内的多方面和多层次的伤害，其可以影响一个国家的国家利益的维护、存在状态的保持和提升以及未来的和平和发展，因此，作伪的目标国家必须具备充分和有效的去伪能力和实力。

事实上，不仅是受到作伪攻击的目标国家，所有的国家都应该具备去伪的能力和实力。在作伪已经被某些国家作为经常性的国际政治工具的情况下，任何国家都不能保证它会变成作伪发起国的目标国家和受害国。因此，去伪应该是任何国家都应该具备的一种常备的国家能力和实力，应该获得如国防常备军一样的战略地位。

如果说作伪发起国针对作伪目标国家发起作伪攻击的目的是改变后者的国家行为，使之服从自己的意志后削弱其自我保护的能力的话，那么去伪对于作伪目标国家来说就是一种拒绝按照作伪发起国的意愿来改变自己的行为的意志和行为，这种意志和行为是后者自为能力的一种体现。

四、“以伪攻伪”不是去伪

需要强调的是，如前所述，去伪是以事实和事实性为武器针对作伪而进行的反击，事实和事实性是去伪的本质。而以非事实来反击作伪，即“以伪攻伪”的行为，由于偏离了去伪的本质，所以并不是去伪。

以伪攻伪能够看到作伪的存在，这是难得的。然而，能看

到作伪的存在并不等于去伪。对作伪的反击只能发生在利用事实和事实性来对作伪攻击进行的反击之中，而以伪攻伪则并不是去伪。虽然以伪攻伪在短期内也可能会产生对作伪进行反击的效果，但是从本质上和长期来看，这种方法是无法从根本上起到去伪的目的和发挥出澄清事实的功能，反而会对事实性带来更大的混乱，并且使去伪的努力失去可信性，对作伪的目标国家和受害国造成反噬，从而起到了反作用，反而从侧面帮助了作伪和作伪者。本书前面提到的阴谋论在很大程度上就是以伪攻伪的例子。阴谋论试图以想象和假设出来的非事实对作伪和重大的国际事件进行解释，实际上是起到了使事情更加复杂和混乱的负面效果，并不利于去伪工作。

因此，在去伪反击中一定要做好内功，对相关的事实进行充分的分析和把握，将去伪反击牢固地建立在事实性的基础之上。在事实性的发掘还不充分和其基础不够牢固的情况下，切忌轻易做出断言，以避免以伪攻伪所造成的反噬。

第二节　去伪的方法论

去伪是个实践问题，同时也是个理论问题和哲学问题。在从实际上把握去伪的同时，也要从哲学的高度认识和把握去伪，只有这样才能真正把握去伪的本质，能够针对作伪的要害真正做到有效地去伪。

一、去伪的哲学根据及其他

唯实主义认为，去伪的根本依据在于事实和事实性，在于落实唯实主义关于事实和事实性的三个标准。而这些标准也是去伪的三个原则。[1]而历史唯实主义和观念唯实主义的有机结合是去伪的根本方法。

（一）去伪的根本依据是事实性

从对去伪的类型中可以看出，在所有类型的去伪中，事实和事实性是去伪的根本。实际上，不论去伪的类型如何，它们都在以不同的方式、在不同的层次上和在不同的时间段上落实和充分贯彻唯实主义关于事实和事实性的三个标准。

唯实主义认为，从根本上看，去伪的基础是证伪。而证伪的根据是事实和事实性。事实和事实性是去伪的最有力、最有杀伤性的武器，其重要性和根本性没有任何其他的事物和方法可以取代。也就是说，去伪的最有效和最根本的方法是事实性，即根据唯实主义关于事实性的三个标准有针对性地提供事实和事实性。

（二）去伪的根本方法是历史唯实主义与观念唯实主义的有机结合

针对各种形态的作伪，去伪的根本方法是历史唯实主义与观念唯实主义的有机结合。也就是说，去伪的基本策略和原则是：用历史事实做去伪的根本依据，用历史事实来防止和破坏错误的观念的形成，用历史事实作为正确的观念事实形成和巩固的牢固基础。

（三）如何在国际关系中确立和维护事实性

唯实主义认为，在国际政治和国际关系领域中，事实性同

---

〔1〕 这并不是唯实主义的自大，而是唯实主义是唯一的以事实性为核心的哲学方法论。唯实主义并没有替代品，也没有可以真正与之进行对等比较的方法。

样是去伪的根本依据，历史唯实主义和观念唯实主义的有机结合同样是去伪的根本方法。一切关于去伪的设计和实施都要围绕事实性的原则来展开和进行。针对作伪的处心积虑地刻意撒谎和造假行为和方法，去伪的根本原则和方法就是用历史事实来排除对正确的观念事实在形成过程中的各种干扰和破坏。

如前所述，唯实主义关于事实性的三个标准是真实性、完整性和主客观的充分融合。在国际政治和国际关系领域，去伪的哲学原则正是确立和维护事实性的这三个原则。也就是说，去伪就是要用唯实主义关于事实性的真实性原则来反攻作伪的虚假性做法,就是要用完整性的原则来反攻作伪的部分性方法，就是要用主客观的充分融合来反攻作伪的偏听偏信的片面性做法。

（四）去伪的国际话语权和技术保障

知道了如何以唯实主义为武器进行去伪的同时还需要去伪的平台和技术保障，没有后者，唯实主义是无法转化为有效的战斗力的。

1．去伪需要国际话语权

一个国家要进行作伪，将必须有一定的国际话语权，同时，拥有国际话语权也是一个国家进行有效去伪的前提和基础。而拥有国际舆论霸权的国家能够强迫其他国家接受自己的作伪，因此国际舆论霸权是作伪的强力保障。

2．去伪需要网络技术基础

事实和事实性需要使用和通过高科技手段进行表达和传播。这是在互联网时代从事国际政治斗争的时代要求。

针对作伪而进行的去伪是一种国家之间的国际政治斗争。

然而，与传统的国际政治斗争不同，去伪需要建立在高科技的网络技术基础之上，这是互联网时代国际政治斗争的新维度和新特点。去伪需要与作伪在网络技术上匹配、对等甚至超越。只有掌握了高科技的网络技术，去伪才能将事实和事实性转化为多媒体作品在网上传播，才能对作伪进行具有针对性地反击，才能拥有抵消作伪的伤害和负面影响的技术保障。

二、去伪如何利用事实性来打击作伪

从根本上看，作伪有着致命的内在弱点，这就是与事实和事实性相对立。缺乏事实和事实性是作伪能够被去伪的最终根据所在。而去伪的根本方法就是通过提供各种事实和事实性，尤其是历史事实，建立起去伪的应急机制和长效机制有机结合起来的去伪系统，将形形色色的作伪变成无效作伪。

（一）作伪的弱点

站在事实和事实性的对立面，这是作伪最根本的和最致命的内在缺陷，这将导致作伪的最终失效，也为去伪的成功提供了必然性。然而，针对互联网时代的作伪必须进行有力的反击，以历史事实来反击作伪，防止错误的观念的形成，在作伪造成伤害和负面影响之前就对其进行充分和有效地去伪。

在互联网时代，作伪的优势在于快速，在于能够在事实和事实性出现之前便作为第一印象出现在人们的认知中，冲击和干扰人们对观念事实的形成。但是，作伪的优势也恰恰是其致命的弱点。也就是说，作伪的优势和其“阿喀琉斯之踵”是并存的，是一枚硬币的两面。作伪快速的同时必然伴随着缺乏精确性和严谨性，粗糙性是其难以避免的缺陷。

（二）去伪的一个关键

互联网时代的作伪的优势是快速，即通过快速地编制和造假来散布作伪，从而对人第一印象造成冲击，影响和破坏人们对观念事实的形成和构建。唯实主义认为，互联网作伪的快速性同时也是作伪的“阿喀琉斯之踵”和七寸。因为所谓的快速性意味着缺乏精确性和严谨性，意味着粗糙甚至是粗制滥造。而及时和充分地打击作伪的这个“阿喀琉斯之踵”和七寸，及时而充分地提供具有针对性的事实,包括并且尤其是历史事实,就是打击作伪的最有效的方法。

对作伪的“阿喀琉斯之踵”进行及时和充分的打击是去伪的关键一步。如此一来，作伪便只会有短效性。短效性的出现意味着在事实和事实性面前没有可持续性的生存力，意味着作伪失去了长效性，意味着作伪无法作为长效作伪而造成长期的误导和欺骗，意味着作伪很有可能转化成无效作伪。

如果从沉默螺旋陷阱的角度来看，对作伪进行及时而充分地去伪反击不仅意味着作伪不会不受阻碍和限制地在网上进行任意传播，也意味着作伪无法让作伪的目标国家陷入沉默螺旋陷阱，意味着作伪的目标国家不会掉入沉默螺旋陷阱，意味着作伪的目标国家不会在短时间内转化为作伪的受害者，意味着为去伪者争取了宝贵的时间来提供更多的事实性资料，意味着作伪在去伪者的反击下变成无效作伪的概率大大地增加了。简而言之，对作伪攻击做出及时而充分地去伪反击意味着对作伪目标国家掉入沉默螺旋陷阱的可能性的有效消除。

因此,要进行有效地去伪就要及时抓住和打击作伪的七寸,其方法就是及时而充分地提供有针对性的事实和事实性去纠正和消除作伪给人们做出的第一印象，在错误的观念形成之前便加以清除，促使人们建立起正确和准确的观念事实。也就是说，针对作伪的快速反应和快速打击是进行有效去伪的关键的一步，是点穴式去伪。快速的点穴式去伪对于简单性作伪、单项作伪、一次性作伪和战术性作伪更具效力，可及时揭穿作伪的谎言和造假，防止其在网络上进一步的传播和泛滥。

三、建立短长效结合的去伪机制

如前所述，互联网时代的作伪种类繁多，对于不同的作伪种类需要采取具有针对性的去伪措施。虽然快速反应和快速打击的点穴式去伪是去伪的关键一步，并且对于简单性作伪、单项作伪、一次性作伪和战术性作伪更具明显的效力，但是对于战略性作伪、综合性作伪、长效作伪和引发性作伪等作伪种类则需要采取经常性的综合性去伪措施，更加注重系统的历史事实的梳理和提供，并且建立起长效的去伪机制。长效机制的优势在于能够提供更加系统和明确的历史事实，对作伪的反击更加有力度和深度，更能破坏作伪发起国预设的包括沉默螺旋陷阱在内的各种陷阱，更能将各种作伪变成无效作伪。

建立起将点穴式去伪和综合性去伪有机结合起来的去伪方法，去伪的应急机制和长效机制是进行有效去伪的具有针对性的、合理而完善的去伪系统，只有这样才能发挥国家的体系力量和在资源上的综合优势，完全避免和打破包括沉默螺旋等在内的各种陷阱，彻底清除各种形态的作伪所造成的和可能造成的负面影响，将其变成无效作伪。

四、积极落实唯实主义的方法和原则

要进行有效的去伪，需要将历史唯实主义和观念唯实主义进行有机地结合，用历史事实来塑造正确的观念事实，防止和破坏违反事实性的观念的形成，从多个视角和层次发掘、完善和呈现事实和事实性。

如前所述，唯实主义提出的有效思考、唯实史料等概念，进行事实和事实性研究的原则以及唯实比较法、唯实双构等针对事实研究的一系列方法，这些概念、原则和方法在去伪中都具有实践意义和有效性，要在去伪的过程中加以切实的落实。

第三节　去伪的技术措施保障

进入互联网时代以来，作伪发起者的大量的作伪是在网上传播甚至制作的，许多是以多媒体形式发布和流传的。这意味着去伪也要在网上进行，也要以包括多媒体的形式来进行反击。而在网上进行去伪将必须要有充分的互联网技术能力作为基础和保障。

一、互联网的技术能力

如前所述，作伪是建立在发达的和先进的互联网技术之上的。为了对抗和消除作伪，去伪必须具备与作为发起国相当或者相匹配的互联网技术，这是去伪的技术要求，也是进行有效去伪的技术保障。具体来说，作为互联网技术核心的 5G 技术，大数据和正在开发中的 6G 技术以及人工智能将是网络技术的下一个制高点，也将成为当下和未来一定时期内去伪的技术基础。

二、信息监控能力

作伪的优势在于速度性，作为对作伪攻击的防御方，去伪国必须及时发现作伪的生成和传播，以便在第一时间进行去伪或者去伪的准备工作。而做到这些就必须对网络信息进行全面而有效的监控。进行全面而有效的互联网信息的监控不仅需要互联网技术的支撑，也需要投入专业技术人员进行实时的劳动投入，而这意味着硬件和人员的财务投入。

这项繁重的工作不仅是国家的义务和责任，也是负责营运的网络公司等商业公司的义务和责任。因此，应该建立起由官方和民间公司共同参与和落实的制度化的网络信息监管机制。

三、提高网民的道德水准

除了网络技术和网络监管之外，对网民尤其是青少年网民进行道德教育是十分重要的步骤。要对广大网民进行爱国主义教育和上网的道德教育，做到不信谣不传谣，发现疑似作伪的信息要及时进行举报。只有这样才能削弱作伪的传播，使网络成为作伪的不毛之地，而不是滋生和传递作伪的不受限制的乐土。

提高网民的爱国主义和道德水准并不是一蹴而就的事情，而是一项长期的去伪工程。这种教育并不能通过填鸭式的硬塞，而是要通过长期的潜移默化的影响，从小就在孩子们的心里播种下正能量的种子，创造出能够培育这些种子健康成长的社会土壤和环境，促使人生观、世界观和价值观尚未成型和尚未巩固的青少年形成健康、积极和爱国主义的三观的形成、发展和巩固。

培养网民的爱国主义和准确的道德观的教育是国民教育的义务和责任，关乎整个教育体系的正确走向，是必须抓好的一项工作和使命。

第四节　去伪与法律保障

除了在技术层面发现、监控和反击网上的作伪行为，在道德上教育网民坚守道德底线之外，通过国家法律来惩戒、威慑和防范作伪是去伪不可或缺的重要维度，也是去伪的重要的原则和方法。

在网上制作和恶意传播作伪不仅践踏了道德底线，也触碰了法律红线，是一种违法行为。对于制作和恶意传播作伪的网民应该成为法律打击的对象，要以国家法律为武器进行惩治和防范。

第五节　去伪的策略

除了去伪的互联网技术能力、官民共同参与的监管机制、国家的教育制度和法律保障之外，还要具有针对性的去伪策略。正确的去伪策略是完成去伪的行动方案，是进行有效去伪的直接保证。

一、去伪策略的制定

去伪策略的制定是指导去伪的具体的行动方案。作伪策略要实现点与线、点与面、面与立体的网状结构，建立起针对不同类型作伪的应急反应机制和长效机制，能够将点穴式去伪与综合性去伪有机地结合起来。

（一）去伪策略的原则

要根据不同类型的作伪，采取不同的措施，制定具有针对性的去伪策略和方案。

互联网作伪的形式多样，种类繁多，根据不同的事件、人物和场合都可以制作出形形色色的作伪产品，这就需要去伪采取灵活多变的方式进行具有针对性的反击，否则便达不到有效去伪的目的。

需要再次强调的是，去伪的重要策略和原则是用历史事实做去伪的根本依据，用历史事实来防止和破坏错误的观念的形成，用历史事实作为正确的观念事实的牢固基础。

（二）去伪系统的建立

在去伪策略的统一原则指导下，针对不同形态的作伪进行点穴式去伪和综合性去伪，并将两者相结合，建立去伪的应急反应机制和长效机制有机结合起来的去伪系统。去伪系统的建立是国家战胜作伪攻击的国家制度和体系保证，是彻底消除作伪的各种负面影响的保障。

（三）建立去伪的宏观体系

作伪发起国将作伪作为实现其总体国家战略的重要的国际政治行为，作为作伪的对抗要素的去伪自然也要与作伪采取同等高度的战略措施，否则会出现资源投入、战略重视和去伪效果上的差距，造成应对不足的现象，无法充分反击和消除作伪对国家安全所造成的威胁和对国家利益所造成的伤害。

二、去伪措施的实施

同去伪措施的制定一样，去伪措施的实施同样是去伪的行动方案的有机组成部分。这是对作伪的目标国家的应急反应能力和行政管理水平的考验，应给予充分的重视和加强各种资源的投入。去伪原则的确立，去伪措施的形成和去伪体系的建立都必须通过去伪的有效和充分的实施才能发挥作用，起到去伪的效果。因此，去伪措施的实施是十分关键的步骤。

第六节　“后去伪阶段”的应对策略

当作伪目标国家和受害国的去伪采取了所有的去伪措施之后，这些去伪努力仍然可能无法产生预期的去伪效果。

这种去伪失效的情况有两种可能性，即一种是去伪工作对事实性的把握和运用的不充分和失效；另一种则是作伪发起国已经进入了反去伪阶段，即对于任何去伪者展示的任何事实都置若罔闻，不予理睬，而对于作伪的目标国家和受害国则意味着其去伪斗争进入了“后去伪阶段”。

对于第一种情况，责任在于去伪者。去伪者只能在对事实性的把握和运用上再下功夫，以弥补工作上的不足。而对于第二种情况，责任则在作伪发起国。进入反去伪阶段的作伪发起国已经撕掉了企图用是非观来掩饰意愿的面具，直接露出了霸权主义的面目，而这意味着作伪发起国随时会使用硬性的手段来打击作伪的目标国家，也就是说，作伪的第四规律随时会被启动。有鉴于此，在这个“后去伪阶段”，去伪者必须要准备用硬性的手段来应对作伪发起国对其所可能进行的硬性攻击，不应有丝毫的松懈大意、侥幸和想当然。

第八章

国际关系的哲学基础和道德本质

作伪的被滥用和在国际关系中的泛滥趋势除了让人们不得不以去伪加以应对之外，也促使人们对国际政治和国际关系体系的哲学基础和道德性质进行深入的思考和反思。作伪与去伪的博弈关系不仅关系到作伪发起国与作伪目标国家之间的国家行为和战略博弈，关系到后者的国家利益和国家存在状态，还关系到国际关系的哲学基础和道德本质。尤其重要的是，作伪和去伪之间的博弈结果在核时代对于整个人类的存在具有空前的影响和意义。

第一节　作伪作为国家政治行为的有限性

在互联网时代，虽然作伪被作伪发起国作为国际政治的工具加以频繁地使用，对国际关系的秩序造成了负面的冲击和破坏，但是囿于自身的内在缺陷，作伪作为国际政治工具是存在着明显的有限性的。

一、作伪无法成为国际政治的常态

互联网时代的作伪虽然在包括国际关系在内的许多领域被大肆利用，但这并不能使作伪“转正”为一种合法、合理和正确的国家行为方式，而是恰恰相反。作伪被去伪的次数越多，作伪的反道德本质就越暴露在世人面前，其对国际关系的负面冲击和影响就会暴露得越充分，作伪就会越遭到批评和抵制。

进入互联网时代以来，虽然作伪作为国际政治行为甚嚣尘上，几乎被常态化地被作伪发起国用来攻击目标国家，作伪霸权和作伪规律被发挥到了极致，但是这一切都不能说明作伪将成为国家行为的常态，而是正相反。无论从理念、道德还是从效果上看,作伪仅仅是国际政治的一种反道德的非常规的手段。由于作伪缺乏事实性基础，作伪缺乏成为常规性国际政治行为的哲学基础。也就是说，作伪无法在事实性上站住脚，这使得它在道义和理念上不具备牢固的基础和可持续性。

二、作伪的限度

无论是作为软性的攻击力量，还是作为负面的国家道德力量的一部分，各种形态的作伪都是有限度的。

（一）作为谎言与造假的作伪的限度

唯实主义认为，作伪的限度就是指它无法代替事实和事实性的内在属性。也就是说，作伪所体现的反唯实主义即反事实性是无法克服唯实主义所代表的事实和事实性的。从根本上看，在信息充分和自由流动的条件下，作伪是无法掩盖、篡改、取代和消灭事实的。无论多么处心积虑地编造出来的作伪在事实和事实性面前都是脆弱和不堪一击的，都会是“见光死”，只要持续不断和系统性的去伪存在，无论编织得多么天花乱坠的谎言和制作得多么巧妙的造假都将被事实和事实性所取代。只要持续性和系统性的去伪存在，在作伪与事实性的博弈中，事实性终将是胜利者。

作伪的限度在国际政治和国际关系领域同样是十分明显的，同样要被事实和事实性所取代。此处可以借用美国前总统林肯的一段话加以说明。林肯曾说：“你可以一时欺骗所有人，也可以永远欺骗一些人，但不可能永远欺骗所有人。”林肯的这段话说明一个事实：谎言/作伪是有限度的。

（二）作为负面的国家道德力量的作伪的限度

在历史上，虽然作伪与国家力量进行结合之后形成的负面的国家道德力量可以产生巨大的力量和效能，对国家的存在状态和历史走向造成巨大的冲击，但是，负面的国家道德力量并不是战无不胜攻无不克的力量，其效能也并不是无法被克服的，相反，在历史中同样充满了正面的国家道德力量，尤其是当多种这样的力量结成合力之时，战胜负面的国家道德力量的例子比比皆是。“得道多助，失道寡助”在国际政治和国际关系中仍然是必须受到重视的重要的国家行为根据。虽然两种道德性质的国家力量之间的博弈仍然在今后的国际关系中继续进行，但不能排除正面的国家道德力量彻底战胜负面的国家道德力量的现实可能性。也就是说，即使在两种道德性质的国家力量处于持续性的博弈的状态之下时，作伪所代表的负面的国家道德力量也是有限度的。

第二节　国际关系的哲学基础

从根本的层面上看，作伪所代表的反唯实主义与去伪所代表的唯实主义之间的博弈实际上是关乎国际政治和国际关系的哲学基础和道德本质的斗争。而这两种理念和力量之间的博弈的结果将决定未来国际政治和国际关系的本质。

一、国际关系的基础只能是事实而不是作伪

这里所说的国际关系的哲学基础不是指国家的意识形态和一些国家之间所持有的价值观的联盟，而是指国家行为所遵循的认知和行为的普遍的原则和标准，是适用于国际关系体现中所有国家的中性而客观的行为准则。

（一）国际关系的哲学基础是事实性

在国际社会中，存在着不同的意识形态和价值观，而在意识形态和价值观的多样性之下则存在着国际关系体系的共同的哲学基础，这就是对事实和事实性的尊重和遵守。也就是说，在不作价值判断的前提下，国际关系的哲学基础是事实性，而不是站在事实性对立面和反面的作伪。

在国家行为的层面上，国家之间拥有共同的事实性的哲学基础是十分必要和重要的。国家行为和国际关系只有建立在共同的哲学基础之上,不同的国家才能有共同的认知和行为基础，并且在这个共同的认知和行为之上国家之间才能进行有效、深入和充分的沟通。缺乏这样的普遍的共同的认知基础，各个国家皆以作伪为方法进行国家之间的交流，国家之间是无法进行有效的和真正的对话、沟通和相互理解的，而是在交流中容易

产生更多的分歧和误解。国家之间缺乏共同的认知基础便无法采取以共同的认知为基础的国家行为，就会因分歧和误解的累积和固化而导致国家之间在行为方式上产生差异，而国家行为的差异将会增加产生误判和冲突的概率和可能性。

在更宏观的层面上，国际社会拥有具有普遍性的共同的事实性的哲学基础同样是十分必要和重要的。建设人类命运共同体需要以拥有共同的哲学基础为前提和基础，而这个共同的哲学基础必然要包括作为共同的客观的认知和行为准则的事实性原则。只有有了这个哲学基础，国际社会的共同性才能拥有日益坚实的出发点，才能不断地扩大、发展和更加巩固。

（二）作伪关乎国家权力的来源

在现实的国家实力的构建上，作伪与去伪之间的博弈关乎国家权力的来源和国家权力的构成。在传统的国家权力组合的道德属性更具负面的情况下，以作伪为代表的互联网时代的新的权力来源则已经表现出了明确的反道德的性质，并且由于被置于战略高度而使其重要性变得更加突出。

传统的国家权力的构件是军事实力、经济实力、政治实力、人口、疆域、资源、地理位置和民族性格等。[1]互联网时代的到来增加了国家权力的构件。在传统的国家权力的构件组合中，增加了科技力量和国际舆论力量等软性力量，也提高了道德性所扮演的角色。只是这个新的权力构件的道德性质已经表现出反道德的明确属性。然而，在核时代，道德在国际政治和国际关系中最终会扮演怎样的角色和对国际关系造成怎样的冲

〔1〕 Morgenthau, Hans J., *Politics Among Nations: The Struggle for Power and Peace*, The McGraw-Hill Companies, 2006, pp.122-162.

击则仍要在一定程度上拭目以待。

（三）作伪与去伪的博弈关乎国际政治的道德本质

道德观是国际政治的重要的有机组成部分。[1]国际政治的道德属性是国际政治和国际关系的性质的重要组成部分。因此，作为反道德的作伪能否得到有效地抑制和消除关乎国际政治和国际关系的性质。

1．事实性与道德性之间的内在关系

唯实主义是对事实和事实性进行深入、全面和系统的认知的哲学方法论，然而，唯实主义与道德性也存在着内在的关联。这种关联体现在如何看待和应用事实性和唯实主义之上，即是尊重事实性而采取唯实主义，还是扭曲、篡改和否定事实性而采取反唯实主义，两种认知和行为代表着截然不同的道德性和道德观。

当人们认真地而客观地对事实性进行探知时，也会发生错误，也会误入歧途，但这并不牵涉道德问题，而当有人刻意阻碍对事实和事实性的获得和探知，出于某种目的而人为地扭曲、篡改和否定事实性时，就违背了道德原则，出现了道德问题。同样地，在国际政治和国际关系中，作为其哲学基础的唯实主义也牵涉国际政治和国际关系的道德性质问题。

因此，从哲学层面上看，维护唯实主义是符合道德性的，而否定事实性的反唯实主义则是非道德和非道德的。在国际关系领域中，作伪体现着蔑视和否定事实性的反唯实主义，具有

---

〔1〕　从西方国家的立场对国际关系中的道德观的讨论，可参见 Morgenthau, Hans J., *Politics Among Nations: The Struggle for Power and Peace*, The McGraw-Hill Companies, 2006，pp. 235-265。

反道德的属性，而去伪则体现着尊重和维护事实性的唯实主义，体现了道德的正面属性。

2. 国际关系体系的道德属性

西方世界主导下的近现代以来的国际关系体系是道德性和非道德性的混合体，而非道德性的成分占主流地位，甚至是压倒性的地位。西方国家占据国际关系的主导权依靠的是对非西方国家所进行的系列的殖民战争和征服战争，这个历史过程中的军国主义、殖民主义、种族主义和霸权主义是支撑西方国家的国家行为的意识形态根据和原则。迄今为止，在理念上，这些意识形态根据和原则一直没有被西方国家和国际社会进行系统的反思、批判和清理，反而受到默许甚至歌功颂德；在实践上，它们仍然是主导西方国家的国家行为的根据和基础。这些事实表明，反道德的马基雅维利主义仍然是西方的国家行为的道德基础，而作伪正是马基雅维利主义的体现和延续。在互联网时代和核时代，被强化了的作伪成为西方世界的意识形态的新的构件和要素。

在第二次世界大战中，世界上爱好和平的国家结成了反法西斯同盟，最终战胜了德意日法西斯同盟国，可谓是世界上正面道德力量战胜负面道德力量的一次伟大的胜利。随后全世界绝大多数国家签署的《联合国宪章》〔1〕是国际关系史也是人

〔1〕《联合国宪章》是在1945年6月于美国旧金山签署的，同年10月开始生效。宪章规定，联合国的宗旨是“维护国际和平及安全”“制止侵略行为”“发展国际间以尊重各国人民平等权利自决原则为基础的友好关系”和“促成国际合作”等；宪章还规定联合国及其成员国应遵循各国主权平等、各国以和平方式解决国际争端、在国际关系中不使用武力或武力威胁以及联合国不得干涉各国内政等原则。

类历史上彰显正面道德力量的共同宣言。但是，国际关系中正面道德力量压倒负面道德力量却是短暂的一瞬，迅速爆发的以美国为首的西方国家集团与以苏联为首的社会主义国家集团之间的冷战便打破了这种道德格局，负面道德力量又重新成为主导国际关系的主要力量，《联合国宪章》中的道德原则被架空和抛弃了。以美国为首的西方国家视联合国为其维护霸权主义的国际政治工具，对其进行选择性的功利主义应用，在发动侵略战争时则弃联合国于不顾，在需要对其他国家进行攻击尤其是作伪攻击时则抛出《联合国宪章》中的道德原则为自己服务，《联合国宪章》中的道德原则成为以美国为首的西方国家的双重标准的牺牲品。1948 年，联合国通过了《世界人权宣言》，随后又签署了一系列有关人的基本价值、权利和尊严的公约。

1953 年周恩来总理提出了和平共处五项原则[1]，这是在以西方国家为主导的近现代国际关系体系中第一次发出来自非西方国家的关于国际关系原则的系统主张，并且和平共处五项原则是在国际关系中提倡道德性的强烈声音，这点是与西方国家笃信的马基雅维利主义的反道德标准完全不同的。但是，在国际关系的实践中，和平共处五项原则却并未能替代西方国家的强权和霸权原则，而是遭到后者的频繁践踏。

在互联网时代的新条件下，作为新的国家权力的构件，作伪和去伪代表着两种对立的道德属性和道德走向。如果作伪占据了上风，那么反道德和道德悖论便会成为主流；而如果去

---

〔1〕　和平共处五项原则是：互相尊重主权和领土完整、互不侵犯、互不干涉内政、平等互利、和平共处。和平共处五项原则是 1953 年 12 月 31 日周恩来总理在中印谈判中率先提出的。

伪压倒了作伪，那么国际政治中的道德性就会成为国际关系的主导原则。从更深的层次上看，这两种道德属性和道德走向之间的对立和博弈是去伪与作伪之间进行博弈的哲学和道德的本质。

二、事实性对于国际政治行为的至关重要性

事实性对于国际政治行为的决策和实施是至关重要的。不论在国家行为层面还是在整体的国际关系层面，都是如此。

（一）国家无法将作伪作为决策的基础

唯实主义认为，作伪的弱点和限度表明，一个运行正常的国家是不可能依靠作伪作为其判断和决策的根本依据的。也就是说，在国家层面上，无论一个国家在国际关系中所处的地位和其国家存在状态如何，这个国家对于国际政治的判断和决策根据只能是事实和事实性。

一个国家可以出于一时的利益诉诸作伪，依靠作伪也可能对国家利益的满足暂时有所裨益，但作伪仅仅是权宜之计，不可能长久地主导和影响国家的判断和继承。如果一个国家长久地依靠作伪来进行判断和决策，那么，这个国家是不可能强盛和持久强盛的，甚至作为正常国家的存在也是勉强和暂时的。

一个国家的强大和繁荣是建立在正确的决策基础之上的，而正确的决策是建立在“实事求是”即唯实主义的事实性基础之上的。作伪只能带来国家决策的偏差和错误，如果一个国家不重视和不坚持在国家层面的判断和决策中尊重事实和事实性，将导致其国家行为步入歧途，并且最终导致对其国家利益造成长期和根本性的伤害。

（二）国家之间的关系要以事实性为认知和行为基础

发展国与国之间的关系也要以事实性为基础，而不能以作伪为基础。事实性是建立国与国之间关系的信任的认知和行为基础，缺少了事实性的支撑，国与国之间的关系和整个国际关系便失去了相互信任的基础。一个以作伪为与其他国家发展关系的认知基础的国家是无法正确地认识其他国家和自己的，而缺乏了对其他国家的正确认知便无法进行正确和准确的决策，无法采取正确而恰当的国家行为，无法创建良好的国际关系。而从其他国家的角度来看，是没有一个国家愿意与一个充斥着错误的认知和作伪的国家发展健康而长远的国家间关系的。因此，如果一个国家的认知充满了作伪的话，它将无法发展与其他国家的健全而相互信赖的国际政治关系。因此，一个惯于和长期以作伪为认知和行为基础的国家或许可以在一时一事上不受太大的影响，但是，它们却无法与其他国家建立起长期的相互信任的国家间的关系，作伪也是对整个国际关系的稳定存在和良性发展的一种破坏。

（三）国际政治的决策根据只能是事实和事实性

在国家层面上，一个国家判断和决策以及与其他国家发展关系的根据只能是事实性。任何理性的国家都会将判断和决策以及发展国与国之间关系的基础置于事实和事实性之上，而不会有意地置于作伪的基础之上。而在国际关系层面上，亦是如此。国际关系是由所有国家组成的国际社会中国与国之间的相互关系的总和。一个国家的行为要以事实性为其认知、决策和发展国家间关系的哲学基础，意味着整个国际关系也要以事实性为哲学基础。国际关系是建立在作伪基础之上，还是建立在事实性基础之上,这是一个关系到国际关系的哲学基础的重大问题。

第三节　国际关系中道德性的必要性

国际政治和国际关系建立在怎样的哲学基础之上，对于国家层面的国家行为和整个国际关系的道德本质具有决定性的作用。事实性不仅关乎国际关系中的哲学基础，也关乎国际关系中的道德本质和道德建设。

一、核时代的国际关系体系需要崭新的道德体系

前文分析了西方国家主导的近现代国际关系体系的道德属性。近现代国际关系的基础是实力和法律，而不是道德。道德性是公正、合法和健全的国际关系体系的必要基础。近现代国际关系体系的形成方式或者说西方国家占据国际关系的主导权的方式靠的是西方国家针对非西方国家和文明所发动的系列的殖民战争和征服战争，这个过程中的军国主义、殖民主义、种族主义和霸权主义是近代国际关系体系形成的基本的行为方式原则。而进入到核时代，这些主导国际关系体系的基本原则一直没有被反思、批判和清理，反而受到默许和歌功颂德，有些仍然是西方国家处理国际关系的原则和潜规则。

在核时代，道德性在国际政治和国际关系的影响力和重要性都得到了新的提升，达到了新的高度。虽然西方世界主导下的近现代国际关系是道德性和反道德性的混合体，并且历史事实表明，反道德是占压倒性优势的主流，但是这种状况在核时代是不具有可持续性的。

二、核时代的国际关系必须建立在道德基础之上

国际政治是关乎国家间的战争与和平的问题，而战争与和平是关系到人类存在的最重大的问题。国际关系是国家之间的政治行为发生互动的平台，这个平台的性质和质量会对国际政治的性质和质量产生极其重要的反馈、冲击和影响，并最终影响到战争与和平的状态。在人类已经进入核时代的今日，尤其如此。不管在人类历史上道德处于何种地位，扮演着何种角色，是否受到应有的重视，在核时代，道德都应该是一个国家的国际政治行为和国际关系体系的最根本的基石。

无论从历史经验上还是在理念上，国际政治和国际关系应该且只应该建立在事实和事实性基础之上，而不是建立在作伪所代表的非道德、反道德、道德悖论和对道德的践踏之上。在核时代，道德对于整个人类和国际关系体系的必要性和重要性提高到了前所未有的高度。核时代呼唤国际关系的新的道德面貌，需要进行新的道德构建。

但是，要构建核时代的国际政治和国际关系新的道德面貌，确立新的道德基础，形成新的道德本质，这是个极其艰巨而困难的任务。

第四节　国际关系中的反道德力量的强大

历史事实告诉我们，在近现代的国际关系史中，国际关系体系是在各种非道德和反道德的国家行为横行无忌的条件下建立起来的。这种现象与国际关系缺乏明确而严格的道德基础

有关，而更根本的原因在于国际政治中反道德力量的极其强大的，而维护道德的正面道德力量相对弱小的现状和事实。

一、反去伪是对道德的再否定

事实性是针对形形色色的作伪的最有力的武器。但是，面对事实性，作伪发起国仍然可以选择视而不见，在去伪的反击下仍然坚持自己的作伪攻击，即通过进行反去伪而进一步对事实和事实性发起强化攻击。反去伪对去伪对作伪的否定进行了再否定，对作伪对道德的践踏和道德悖论道德进行了再次践踏。作伪与去伪的博弈进入了新的层次。如此一来，作伪发起国与作伪目标国家和受害国之间的国际政治博弈的性质就发生了变化，从软实力和道德性之间的博弈为转变和升级为国家之间的硬实力的直接碰撞和交锋铺平了道路，为作伪第二规律的实施打开了大门。

反去伪是作伪发起国的作伪霸权的升级版，是从软性打击的作伪向硬性的实体打击的转化器，是作伪的第二规律的敲门砖，也是其经济、政治和军事霸权的现实体现。这些霸权代表着国际关系中的非正义和反道德的力量，它们为了国家和利益集团的利益可以玩弄和践踏道德，更可以通过强权和战争置道德于不顾。

二、反去伪可随时转化为战争的借口

既然通过反去伪实现了对道德的再否定和再次践踏，为作伪的第二规律的实施打开了大门，那么，在对道德的再否定基础上进行“恶”的升级便顺理成章和变得必然了。也就是说，反去伪可以随时升级为采取进一步敌对性国际政治行为和军事行为的借口，可以随时过渡为硬性的制裁、遏制、“颜色革命”，以至于直接的军事打击行为。

事实上，以美国为首的西方国家在互联网时代发起的几乎所有的侵略战争都是以反去伪揭开战争序幕的，其中最典型的就是科索沃危机和伊拉克战争。在科索沃中，塞尔维亚警察部队对非法的阿族分裂主义恐怖分子的合法的执法行动被作伪为种族灭绝，从而赋予了以美国为首的北约国家武装侵略南联盟的“合理”的“人道主义”口实，使科索沃危机的性质迅速发生的根本性的转变。在伊拉克战争之前，美国国务卿鲍威尔在联合国举起的一小瓶成分不明的白色粉末给了以美国为首的西方国家大规模入侵伊拉克的一个合法理由，将作伪和反去伪的反道德和反唯实主义的功能发挥到了极致，也成为美国作伪的反道德和反唯实主义的历史缩影。

三、强权和霸权仍然是国际关系中的基本逻辑

反去伪的作伪霸权说明了这样一个事实：在近现代的国际关系中，正是这种反道德的强权和霸权是塑造近现代国际关系体现的根本力量，而且这种力量仍然是主导当代国际政治和国际关系的最后力量，也就是说，在进入了核时代的 21 世纪的国际政治和国际关系中，强权和霸权的逻辑仍然是主导国家行为的行为逻辑，这种行为逻辑仍然在全负荷地运作，其最新的结果是新冷战的发生。不言而喻，这种行为逻辑在核时代是十分危险的。

第五节　核时代的国际关系需要正面的国家道德力量

唯实主义认为，道德与国家实体力量的结合形成了国家的道德力量（the state power of morality）〔1〕。国家实体力量与正面的道德力量相结合形成了正面的国家道德力量或称正面道德力量（the state power of positive morality）。国家实体力量与负面的道德，包括非道德和反道德，相结合而形成了负面的国家道德力量或称负面道德力量（the state power of negative morality）或者反面道德力量。如果说负面 / 反面国家道德力量是欧洲和西方政治的马基雅维利主义传统的延续的话，那么正面的国家道德力量则是道德主义（Moralism）和正义力量进行有机结合的体现了。

然而，有一种情况却要通过作伪来打破两者之间的区别，对自身的性质进行伪装：负面国家道德力量披着道德主义的外衣试图以正面国家道德力量的面目出现。这种作伪欺骗是现代西方国家的行为方式中的惯常做法。在人权、民主、自由等冠冕堂皇的借口掩盖下，以美国为首的西方国家实行的却是赤裸裸的侵略、屠杀和掠夺等行径。这无疑是西方国家玩弄道德的道德悖论的手法在国际政治上的典型体现。但是，在大量的事实面前，西方国家的这种作伪伪装已经越来越多地被去伪，其作伪霸权已经变成了“皇帝的新衣”，变得无法继续欺骗国际

〔1〕 注意此处的国家的道德力量是 the state power of morality，与 the moral power of the state 不同。

社会了。

实际上，单纯从道德本身来比较的话，正面的道德一定比负面的道德更能赢得人心，更能转化为强大的行为力量，也就是说，道德力量本身就是一种精神性的行为力量，是国家力量的一种构件。这就是站在道德的对立面的西方国家也要千方百计地通过作伪来将自己打扮成正面国家道德力量的原因。但是，当非道德和反道德与其他形态的国家力量相结合即形成道德力量时，情况却发生了逆转。历史事实显示，反道德与国家力量的结合而形成的负面国家道德力量同样能够甚至更能进行深入而有效地进行结合并转化为国家的综合实力，作为外向的国家行为在国际关系中更能转化为强大的国家实力，在与其他国家进行博弈时，马基雅弗利主义的实践者不但并不落于下风，有时甚至更能够取得力量优势并成为战胜者。相比之下，正面国家道德力量的有效性或者说它们的结合在国际关系中的表现和取得的效能并不经常会强于负面国家道德力量，甚至还会弱于负面国家道德力量所产生的效能，道德主义的信奉者经常成为失败的一方。不幸的是，这种历史现象是一种体现在近现代国际政治之上和国际关系领域中的被反复的实践验证过了的历史事实。虽然作为负面国家道德力量的侵略行为最终被维护民族独立和国家主权的正面国家道德力量所打败，但是历史上却充斥着采取欺诈和侵略行为的马基雅维利主义者取得成功的案例，国家的版图和人类历史的进程都脱离不开负面国家道德力量的冲击、塑造和影响。

唯实主义认为，造成这种现象的原因是负面国家道德力量更能够与国家、利益集团和个人的直接利益挂钩和发生直接的联系，而这种对利益的直接追求要比道德主义更能唤起人的潜在的力量。但是，这种情况在核时代的适用性受到了限制，从而为重整国家行为和国际关系的道德规范提供了时代背景、动因和现象可能性。

虽然在许多场合，负面国家道德力量要比正面国家道德力量产生更大的历史效能，但是这并不代表马基雅维利主义者已经成为历史的胜利者，已经被确认为主宰国际政治、国家行为和国际关系的永远的决定要素和力量。我们需要强调的要点是：在国际关系中的道德性相对于反道德性以及正面国家道德力量相对于负面的国家道德力量仍然弱小的情况下，我们仍然要强调正面国家道德力量，而不应该让以作伪和反去伪以及以强权和霸权为代表的负面国家道德力量在无反抗和阻碍的情况下恣意横行，成为主导国际政治、国家行为和国际关系的主要力量，我们更要强调正面国家道德力量，并赋予以去伪和反霸权为代表的新的正面国家道德力量以坚强的实力后盾，从而不仅在道德层面的软实力上遏制反道德的作伪和反去伪行为的横行，更要在硬实力的层面上能够有效地威慑强权和霸权逻辑的发作。

第六节　核时代对道德的呼唤与中国古代哲学相契合

在中国古代哲学中，道德始终占据重要的地位。例如，孔学（即孔子的思想）和先秦儒学就是以道德主体性为核心的思想。[1]孔学和先秦儒学的道德主体性思想与西方的马基雅维利主义在对待道德的立场上处于两个极端，前者笃信道德，认为道德是君子必备的品德，并且也是政治应该奉行的准则；后者则除了偶尔将道德作为实现政治目的的小小的工具之外，基本上是反道德的，将立功与道德完全对立了起来。但是，如前所述，反道德一旦与国家力量相结合，往往能够发挥出较强的功能，使其功利主义目标得以实现。可见，在现实政治中，单纯强调道德是远远不够的，缺乏物质力量的道德在硬性的政治、经济和军事实力面前是无法发挥作用和功能，从而实现其道德理想的。

孔学和先秦儒学的这个缺陷被董学（即董仲舒哲学）所弥补。董学将道德置于合理的哲学体系和架构之内，完成了道德与国家的硬实力的结合，形成了强大的正面道德力量，击败了强大的匈奴游牧帝国，完成了国家和民族的复仇，并以正面的道德力量为基础，建立了“公羊模式”[2]。“公羊模式”是以董学的公羊学为国家意识形态的国家行为模式，不仅是西汉的国家行为模式，也是中国传统文明时期的基本的国家行为模式。

历史事实表明，人类在核时代所急需的国家的道德力量和以此为基础的国家行为模式，早在西汉的汉武帝时期便在董学的指导下建立起来了。这是一个伟大的政治哲学和国家行为模

〔1〕　对先秦儒学的主体孔学的价值观的深入探讨，参见张珂：《董学与孔学的正本清源》（上册），人民出版社 2021 年版，第 651—662 页。

〔2〕　关于公羊模式，可参见张珂：《董学与孔学的正本清源》（上册），人民出版社 2021 版。

式建设的历史性成就。〔1〕

在核时代，我们仍然需要向中国古代哲学认真学习和躬身请教。

〔1〕 董学将道德与国家硬性实力的结合体现在其功德观的哲学理念之中。关于董学的功德观，可参见张珂：《董学与孔学的正本清源》（上册），人民出版社2021年版，第362—368页。

主要参考书目

中文：

1. 张珂：《唯实主义》，人民出版社 2020 年版。

2. 张珂：《董学与孔学的正本清源》，人民出版社 2021 年版。

3. ［德］弗里德里希·迈内克：《马基雅维里主义》，时殷弘译，商务印书馆 2009 年版。

4. 袁明主编：《国际关系史》，北京大学出版社 2005 年版。

5. 洪鼎芝：《信息时代：正在变革的世界》，世界知识出版社 2015 年版。

6. 尹继武、刘训练主编：《政治心理学》，高等教育出版社 2011 年版。

7. ［日］鹤见俊辅：《战争时期日本精神史（1931—1945）》，邱振瑞译，北京日报出版社 2019 年版。

8. 吴廷缪主编：《日本史》，南开大学出版社 1994 年版。

9. 刘廷华：《中国抗日战争论纲 1931—1945》，军事科学出版社 2005 年版。

10. 王向远：《日本右翼言论批判："皇国史观"与免罪情结的病理剖析》，昆仑出版社 2005 年版。

11. 王向远：《“笔部队”和侵华战争：对日本侵华文学的研究与批判》，昆仑出版社 2015 年版。

12. 宋志勇、田庆立：《日本近现代对华关系史》，世界知识出版社 2010 年版。

13. ［日］纐缬厚：《近代日本政军关系研究——日本发动侵华战争的历史渊源》，顾令仪、申荷丽译，社会科学文献出版社 2012 年版。

14. 娄芳：《俄罗斯经济改革透视：从“休克疗法”到“国家发展战略”》，上海财经大学出版社 2000 年版。

15. 朱金平：《科索沃战争风云》，解放军出版社 2001 年版。

16. 何为、罗勇：《制裁与反制裁》，当代世界出版社 2022 年版。

17. 东鸟：《中国输不起的网络战争》，中南出版传媒集团 / 湖南人民出版社 2010 年版。

18. ［西］巴·卡萨斯等：《西印度毁灭述略》，孙家堃译，商务出版社 2009 年版。

19. ［德］瓦尔特·L·伯尔奈克：《西班牙史：从十五世纪至今》，陈曦译，上海文化出版社 2019 年版。

20. ［英］雷蒙德·卡尔：《西班牙史》，潘诚译，中国出版集团、东方出版中心 2009 年版。

21. 张小明：《冷战及其遗产》，上海人民出版社 1998 年版。

22. 沈志华：《冷战的起源：战后苏联的对外政策及其转变》，九州出版社 2013 年版。

23．郑保国：《美利坚霸权透析》，国家行政学院出版社、中央编译出版社 2011 年版。

24．周琪主编：《意识形态与美国外交》，上海人民出版社 2006 年版。

25．李工真：《德意志现代化进程与德意志知识界》，商务印书馆 2011 年版。

26．［德］格茨·阿利：《希特勒的民族帝国：劫掠、种族战争和纳粹主义》，刘青文译，凤凰出版传媒集团、译林出版社 2011 年版。

27．刘小彪：《“唱衰”中国的背后：从“威胁论”到“崩溃论”》，中国社会科学出版社 2002 年版。

28．杜仕菊：《欧洲人权的理论与实践：以欧洲社会现代化进程为视角》，浙江人民出版社 2009 年版。

29．夏勇：《人权概念起源：权利的历史哲学》，中国社会科学出版社 2007 年版。

30．［德］格奥尔格·耶利内克：《人权与公民权利宣言——现代宪法史论》，李锦辉译，商务印书馆 2013 年版。

31．谢益显主编：《中国当代外交史（1949—2009）》，中国青年出版社 2009 年版。

32．阎学通、孙学峰等：《中国崛起及其战略》，北京大学出版社 2005 年版。

33．中国法制出版社编《中华人民共和国国家安全法》，中国法制出版社 2022 年版。

34．中共中央党史和文献研究室编：《习近平关于网络强国论述摘编》，中央文献出版社 2021 年版。

35. 中共中央党史和文献研究室编：《习近平关于总体国家安全观论述摘编》，中央文献出版社 2018 年版。

36. 中国国务院新闻办公室：《为人民谋幸福：新中国人权事业发展 70 年》，人民出版社 2019 年版。

37. 中国国务院新闻办公室：《全面建成小康社会：中国人权事业发展的光辉篇章》，人民出版社 2021 年版。

英文：

1. Thucydides, *History of The Peloponnesian War*, Penguin Books, 1954.

2. Machiavelli, Nicolo, *The Prince, University of Chicago Press*, 1985.

3. Aron, Raymond, *Peace And War: A Theory of International Relations*, Transaction Publishers, 2003.

4. Arendt, Hannah, *The Origins of Totalitarianism*, Harcourt Brace Javanovich, 1979.

5. Sabine, G. H. & Thorson, T. L., *A History of Political Theory (4th Edition)*, Cengage Learning, 1973.

6. Passerin D'Entreves, Alessander & Nederman, Cary J., *Natural Law: An Introduction to Legal Philosophy,* Transaction Publishers, 1994.

7. Fuller, Lon L., *The Morality of Law*, Yale University, 1964.

8. Bauman, Zygmunt, *Modernity and Holocaust*, Basil Blackwell Limited, 1989.

9. Jervis, Robert, *Perceptions and Misperceptions in International Politics*, Princeton University Press, 1976.

10. Jervis, Robert, *The Logic of Images in International Relations*, Princeton University Press, 2017.

11. Art, Robert J, Jervis, Robert, *International Politics: Enduring Concepts and Contemporary Issues*, Pearson Education, Inc., 2005.

12. Morgenthau, Hans J., *Politics Among Nations: The Struggle for Power and Peace*, The McGraw-Hill Companies, 2006.

13. Asbridge, Thomas, The Crusades: *The War for the Holy Land*, Rogers, Coleridge & White Ltd., 2012.

14. Madden, Thomas F., *The Concise History of the Crusades*, third edition, Roman & Littlefield, 2014.

15. Cross, Robin, *The Battle of Kursk: Operation Citadel 1943*, Penguin Books, 2002.

16. Beevor, Anthony, *Stalingrad*, Penguin Books, 1998.

17.Rampton, Sheldon & Stauber, John, *Weapons of Mass Deception: The Uses of Propaganda in Bush's War on Iraq*, Penguin Books, 2003.

18. Corn, David, *The Lies of George W. Bush: Mastering the Politics of Deception*, Crown Publishers, 2004.

19. Brose, Christian, *The Kill Chain: Defending America in the Future of High-tech Warfare*, Hachette Books, 2020.

20. Mayer-Schonberger, Viktor & Cukier, Kenneth, *Big Data: A Revolution That Will Transform How We Live, Work, and Think*, John Murray, 2013.

21. Solso, Robert L., etc, *Cognitive Psychology (7th edition)*, Pearson Education Asia Limited, 2004.

22. Kissinger, Henry, *Diplomacy*, Simon & Schuster Paperbacks, 1994.

23. Kissinger, Henry, *Does America Need a Foreign Policy: Towards A New Diplomacy for the 21 Century*, Simon & Schuster Paperbacks, 2001.

24. Brezezinski, Zbigniew, *The Grand Chessboard: American Primacy and its Geostrategic Imperatives*, Basic Books, 1997.

25. Gaddis, John Lewis, *The Cold War: The Deals. The Spies. The Lies. The Truth*, Penguin Books, 2005.

26. Shirer, William L., *The Rise and Fall of The Third Reich: A History of Nazi Germany*, Simon & Schuster, 1960.

27. Evans, Richard J., *The Third Reich in Power: How the Nazis Won over the Hearts and Minds of a Nation*, Penguin Books, 2005.

28. Chomsky, Noam, Media Control: *The Spectacular Achievements of Propaganda*, Seven Stories Press, 1997.

29. Chomsky, Noam, *Hegemony or Survival: America's Quest for Global Dominance*, Penguin Books, 2003.

30. Johnson, Chalmers, *The Sorrows of Empire: Militarism, Secrecy and the End of the Republic*, Sandra Dijkstra Literary Agency, 2003.

31. Eriksen, Thomas H., *The Tyranny of The Moment*, H. Aschehoug & Co., Norway, 2001.

32. Klein, Naomi, T*he Shock Doctrine*, Penguin Books, 2007.

33. Engdahl, William, *Armageddon: The Secret Agenda of Washington's New Cold War*, Penguin Books, 2008.

34. Engdahl, William, *A Century of War*, Penguin Books, 2008.

35. Engdahl, William, *Target China*, Penguin Books, 2011.

36. Engdahl, William, *Fake Democracy*, Penguin Books, 2017.

37. Nye, Joseph S. Jr., *Hard and Soft Power*, The Michigan University Press, 2005.

38. Fukuyama, Francis, *The End of History and the Last Standing Man*, The Free Press, 1992.

39. Rawson, Claude, *God, Gulliver and Genocide: Barbarism and the European Imagination 1492-1945*, Oxford University Press, 2001.

40. Burns, Bradford & Charlip, Julie, *Latin America: An Interpretive History*, Pearson Educations, 2007.

41. Nash, Gary; Jeffrey, Julie Roy, etc., *The American People: Creating a Nation and a Society*, Pearson Education, Inc., 2008.

42. Stavrianos, L. S., *A Global History: From Prehistory to the 21st Century*, Pearson Education Asia Limited, 2004.

43. Irving, Washington, *George Washington: A Biography,* Da Capo Press, 2010.

44. Remini, Robert V., *Andrew Jackson*, Perennial Press, 1969.

45. King, Ross, *Machiavelli: Philosopher of Power*, HarperCollins Publishers, 2007.

法文：

1. Morelly, Code De La Nature ou le veritable esprit de ses lois, de tout temps neglige ou meconnu, Edition Sociales, Paris, 1970.

2. Denece, Eric, La Face Cachee des Revolutions Arabes, Divas International Paris, 2012.

3. Bourdeix, Bernard, Le Grand Livre des Conspirations, Edition La Martini e re Groupe, 2009.